하루
치
사
랑

이중수 시집

하루치 사랑

1판 1쇄 인쇄 2016년 12월 16일
1판 1쇄 발행 2016년 12월 23일

지은이 이중수
펴낸곳 도서출판 비엠케이

디자인 아르떼203
제작 (주)꽃피는청춘

출판등록 2006년 5월 29일(제313-2006-000117호)
주소 121-841 서울시 마포구 성미산로10길 12 화이트빌 101
전화 (02) 323-4894 팩스 (070) 4157-4893
이메일 arteahn@naver.com

값은 뒤표지에 있습니다.
ISBN 979-11-955415-4-6 03810

일원화 공급처 (주)북새통
주소 서울시 마포구 방울내로7길 45
전화 02) 338-0117 팩스 02) 338-7161
이메일 bookmania@booksetong.com

「이 도서의 국립중앙도서관 출판시도서목록(CIP)은 서지정보유통지원시스템 홈페이지(http://seoji.nl.go.kr)와
국가자료공동목록시스템(http://www.nl.go.kr/kolisnet)에서 이용하실 수 있습니다.(CIP제어번호: CIP2016031016)」

이 중수 시 집

하루치 사랑

Book
magazine&publishing

이상한 날이었고
이상한 나이가 되었다

인스턴트 시와 인스턴트 사랑이 판을 치는
세상이 되었다

딱 하루만 산다면
누구나 답할 것이다
사랑할 것이라고…

오늘은 다시 오지 않기에
하루치의 사랑은 꼭
하고 넘어가리라

이상하지 않은 날이 되었고
이상하지 않은 나이가 되었다

1 _____ 하루치 사랑

1

하루치 사랑

하마터면

하마터면 널
짓밟을 뻔했네

아하

나도 하마터면
니 치마 속
볼 뻔했네

유월의 산사

걷지 않아도 길이 되는 사랑이 있다
울지 않아도 노래가 되는 길이 있다
떠는 새를 날게 해 주는 무료하나
아늑한 토닥임도 있다

걷지 않아도 땀이 나는 떨림이 있다
양귀비 고운 두 입술 고향으로 데려다 주는
천천한 꽃 무지개도 있다
묻지 않아도 잡아 주는 손끝의 끌림이
있기에 심장의 기로는 방황하지 않는다
열반의 백팔 배로 고뇌를 씻으면 어느새
참회의 꽃잎은 고즈넉한 유월로 날린다
이대로 충분한 따뜻한 염원
더 이상의 신열은 의미 없는 조용한 기도
참선하는 선방의 농익은 차 한 잔
숙연한 묵상과 묵언의 담벼락을 올라타고
피어나는 산사의 붉고 짙은 장미
유월이 오는 길목 번뇌의 땡볕은
때 이른 여름 더위로 진땀을 흘린다

꽃의 시간

꽃은 사람의 시간을 기다리지 않음에
홀로 빈 언덕에 피어 있다

사람은 꽃의 시간에 따르지 않음에
홀로 빈 마음 안에 피어 있다

내년에도 꽃은 피고 또 피어
지금 내가 보는 꽃이 아니겠지만

빈 언덕에 홀로인 꽃이나
빈 마음에 홀로인 꽃이나

가슴 뛰는 외론 봄을 그 안에 가졌으니

만나도 좋은 햇살이 한 가슴 찢으며
들어오는 날 열꽃처럼 푸드득

서로 끄덕이는 인사를 하여라
꽃을 보아라
꼬옥 안아라

너란 듯 보아라
꽃인 듯 보아라
서로의

화사한 얼굴을

꽃게

꽃게다리에게 사랑하는 법을 배울 일이다
잠만경 큰 두 눈알을 두리번거리고
사랑할 사람을 그 본능으로 더듬거려
이게 내가 본 마지막 얼굴이라는 듯
꽈아악 꽉
세상의 모든 허벅지 중 최고로
저주받은 굵기의, 지 몸 중 최고로
강한 피투성이 치기를 그리로 모아
온몸의 피와 점액이 한 곳으로만 쏠려
더 이상 굵어질 수 없는 도라무통같은
사랑으로 죽을 것처럼, 또 다른 내일은
없는 것처럼 물어 주겠다. 꽈아악 꽉
또 꽈아악 꽉

바람의 향

추억은 헐겁고 느슨할 수록 좋다
하루를 통채로 기억할 수 없다면
한 사람을 오롯이 불러올 수 없다면
햇볕의 향기가 바람의 그것보다
먼저 자리를 차지하고 날아올 때면

햇살이 자리를 양보하고 구름이
향기를 만들고 있을 때면
망을 보는 고라니. 청설모도 그 향을
맡고 날 찾아내려 욕심을 부려 본다면
이름 모를 대여섯의 새들도 그 뒤를 밟아
어렵사리 그 헐겁고 느슨한 추억에 맞추어
춤을 추리
되도록 느린 다섯 줄의 아슬한 악기에 맞추어
되도록 시간을 많이만 거슬러
지금도 없고 어제도 없는
내일은 더더욱 없는 멈춰진 햇볕의
향기 안에 서로를 가두고
더는 헤어지지 말자는 헛되인 것을
알면서 두손을 모으는 간절한

시계바늘에게 따순 입김을 뿜으리

파사디나로 떠난 여인과 젤소미나를
소환하는 거구의 사내와 상옥의
숲길을 걷고 있는 시인과 바다의 짠맛을
소유하지 않겠다고 맹세한 화가와
허니코케를 볶고 있는 부랑아의 고된 삶과
그 한잔의 코케허니를 마시고픈
바람이 뒤엉켜 사랑을 나누는
뜨겁고 습한 향을 맡는 나는

열두 제자의 시련을 암기하며
헐겁고 느슨하지 말아야 할 이유들을
기억해 내느라 숲을 떠나지 못하고
숲 속에 작은 창을 내어 내다보고
또 내다보는 한 마리의 새도 다시
울어 줄 수 없는 적막한 안개의 밤
바람의 향만이 그들을 지켜내고 있었다

민어

너와 나는 다다미방 나무발 내린
오래된 일식집에 앉아있다
옹이가 박혀있는 자작나무테이블을
가운데 놓아두고 그 책상 아래
두 무릎 수줍게 닿아있다

우리는 너의 포동한 하얀 살 닮아있는
민어를 주문한다

너의 속살 닮은 민어가 나란히
내 앞에 누워있다 눈빛이 제법 살아있다
차가운 넓은 바다를 유영했던 그 패기의 눈
나를 보며 슬프게 슬프게 붉은 눈물짓지만
지금 그녀의 둥그렇고 큰 눈 닮아 아름답다

붉은 뱃살과 하얀 뱃살이 교차하는
너의 입술 닮은 붉고 보드라우며 하얀 살
영겁의 사연 담은 목화 실 질긴 근육도
오늘은 싱싱한 바다 이야기 들려준다
그가 그 튼튼한 부레로 사랑공기 담고

이 바다 저 바다에 전한 사랑 노래
풍부한 입천장살 닮은 전설같은 노래

그 바다 이야기 전해들은 너의 풍만한
젖가슴도 부레처럼 부풀어 환희로 터진다

너와 나는 오늘 뜨거운 냄비 안에서 끓어넘친다
끈적한 회색빛 버블이 우리를 감싸고
우리는 그 거품 안으로 안으로 숨어든다
너에게서 쑥갓향 닮은 그리운 초록의 내음이
바람따라 철썩이며 나를 휘감는다
초록 산들의 바람 이야기 들려준다

끓을 수록.. 너무 일찍 끓어넘친 우린
아스라져 육신이 해체되어 무너진다
온전히 하나된다

세로로 누운 너의 뼈가
튼실하고 든든한 너의 척추가
내 가느랗게 펼쳐진 실가지같은

가로의 뼈로 파고들면
너 닮은 이에 대한 그리움
사무치게 열렬히 갈구한다

이제 너는 또한 먼 바다로 나간다
태양이 뜨거운 팔월에 너는 나에게
돌아온다고 했다 더 뜨겁고 보드라운 살로
우리의 펄떡이는 만찬 준비해 오겠다 했다

그런 용기 많은 너
나만을 그리며 새로운 바다의 이야기를
즐겁게 준비하는 너
도리질 않고 *끄덕*이며 *끄덕*이며
너를 기다리려 한다

니가 끓어가는 팔월의 오후 두 시

악어

나는 한 마리 악어
알을 깨고 첫눈에 본 것은 당신이다
꿈벅이며 젖은 눈으로
당신은 퐁피듀에 첫발을 딛는 악어새다

점점 복제되는 사랑 없는 도시에서
똑같은 옷을 입은 나는 숭고한 처녀
너를 본다

광장에 서서 내가 왜 너를 처음 보게 되었는 지와
첫눈에 너를 알아 보게 되었는 지와
원근법칙이 적용 안되는 몰두의 근시안을
갖게 된 이유를 고함친다

노란 택시가 퐁피듀를 수평으로 달린다
지평선 넘어 처녀성으로 가는 초원이 드넓다

악어는 제우스의 흉상에 어머니를 품고
첫눈에 반한 어머니는 퐁피듀를 걷는
각선미의 여인이다

부기우기 춤을 추는 내 눈에만 안 보이는
숭고의 나타샤다

너의 눈 코 입 그리고 가슴속으로 번진
공명같은 자유, 부기우기 춤을 마음껏
헤지르는 악어와 악어새다

우물거리는 창호에 찢긴 칼자국 선명한데
여인은 떠나고 어머니도 떠난
악어와 악어새만 커다란 광장으로 공허하다

첫눈에 환희였던 것들이 떠나고
검은 우주에는 살빛 교신들이
칼자국 사이로 빠져나간다

선바위

그녀의 시에서 외로움이 뚝뚝
떨어졌지만
아무도 양재동 꽃시장에서
그녀에게 꽃을 사 주진 않았다

구름재식당이 구름처럼
지나가고 성모마리아도
잠들었다
더 외로운 마리아인 그녀가 서글피
울어 대는 두꺼비 울음에
교합의 대답을 해주었지만
그 두꺼비도 터전의 논을 떠나
그녀 곁으로 오지는 않았다

그렇게 막차를 기다리는 바람
서늘한 정류장에
꽃 사지 않는 그녀가 앉아있다

먼 밤하늘 허공이
공허한 안개 한 모금 빨아들인다

서늘한 흡입에 팔다리로 서리가 내리고
소름 돋아 곤두선, 이 밤은 깊어만 간다

선바위 고개엔 착한 바위는 없고
그녀가 올라탄 버스 꽁무니로
서먹하게 마른 여러 냥의 꽃가지가
허연 시름만 내뿜으며
어딘가로 향해 가는 밤이었다

나, 지금 샌드위치 사러 간다

나는 지금 샌드위치 사러 간다
사랑 사러 간다

새빨간 피망의 열정을 다진다
둥글지만 톡 쏘는 아릿한
첫사랑 닮은 오이피클도 얹는다

나는 지금 샌드위치 사러 간다
그와의 은밀한 언어
꼭꼭 눌러 담아
납작한 둘만의 비밀의 침대
만든다

청순한 열여덟의
순결한 하이얀 피부 닮은 계란이
불꽃처럼 익어서 아스라히 으깨질 때

첫 경험의 그 슬픈 고통은 뒤로한 채
숨는다 그 안에, 우리

아무도 모르는 그 샌드위치 가게
환희의 문을 연 새하얀 마요네즈가
노오란 사랑범벅으로 지천이다

나는 오늘
남몰래 샌드위치 사러 간다
그 누구도 모르는 나만의 그 곳

바다를 닮은 푸르른 공원이
보이는 내 몽환의 판타지
그 바다 건너면
보름의 슈퍼문이 화알짝 열리는 그 곳

나는 오늘
샌드위치 사러 간다
아삭한 사랑이 싱그럽게 물 흐르는
샌드위치 사러

내게서

너는 나에게 말의 꽃을 꺾어 바친 적 있었는가
너는 그에게 향유를 부어 씻겨준 적 있었는가

비가 연일로 오는 이유를 비에게 묻다
자기가 자기에게 불러 주는 외로운 노래란다
외출 갔다 온 늙은 노모가 우산을 털며 들어온다
검은, 머리 셋의 개도 온몸을 흔들며 외론 비를
툭툭 자기 몸에서 벗어버린다
연신, 깎아 놓은 감이 얼었다 녹았다 말랐다 젖었다
제 몫 하나를 못하게 계절은 배앓이를 한다
화대를 지불하지 않고 밤 줄행랑을 논 황씨 아재처럼
서둘러 사정을 하고 비루한 행상은 버려둔 채
늙은 탁주를 들이켜고 있는 꼬락서니다
이제는 씨가 마른 참새 사냥을 나가는 총 맞은
퇴역 장교가 하루벌이 하는 비린내나는
낚시터에서 둥둥 떠오르는 연어를 건져 올리며
잃어버린 살빛 꿈도 낚아 올리고있다

너는 내게서 꽃처럼 핀 말을 보았는가
나는 네게서 기름진 향의 꽃을 본 적이 있는가

그러기로

개나리 봇짐을 매거나
훌쩍 바람의 아들이 되었거나
이름 모를 둘레길을 걷고 있거나
세상 어느 끝에서 폭포의 무지개를
맞고 있다는 소식이, 간간이
들려올 때만 보기로 해
새벽 새가 비를 피해 소곤거리고
어떤 비가 난장으로 내리거나
똑똑똑 니 생각이 땅바닥을
파먹을 때 그날만 만나기로 해
진실이 감언이설을 이기기를
응원하는 너이라면 타협도
거추장스러운 도포자락인 걸
빗물이 똑똑똑 너를 두드리거든
그래도 그 소리 아니 들린다 해
속아 주어도 좋은 가벼운 답으로
너의 무거운 신발은 벗겨 줄게
내가 이토록 널 사랑할 수 있는
날까지만 말이야

호수

얼었다 녹을 때
호수는 가장 위험한 늪지다
눈먼 자는 그러나
그런 호수가 은빛이다
도로 모르는 봄이 호수 위에서
은빛 유혹을 하면
모르는 자는 발을 내딛는다
하루만을 살 것처럼

마음이 얼었다 녹을 때
여자는 무너진다
그런 심사가 뒤틀리는 한낮의
호숫가 자운영 얼은 씨앗이다

마음이 얼었다 녹을 때
남자는 무너진다
그런 사정의 뒤안길에서
호수로 뿌려 댄 오래된 미련이
다다미 낡은 삐그덕 소리를
내는 것이다

그렇게 모르는 남녀의 겨울이
가고 모르는 것이다
아무도 그들을 보았다 않는 것이다

어디야

어디야 ?
내가 그리로 갈게
혼자 두지 않을 게
왜 마음을 아끼냐구
그냥 말해버리면 될 것을
비는 올 테고 롯데캐슬은
성이 아닌데 롯데도 없는
성도 아닌 장미넝쿨에게
구애를 퍼붓는다고
낮잠에서 깨어나는 건 아닐 텐데
절룩이며 사랑이 오고 소나기는
머언 구름 안에서 허밍으로만
숨어 있는데 둥글게 돌아가서
너를 만나 보아야 너는 떠난 후

어디야 ?
내가 그리로만 갈게
너는 홀로 미사의 모서리에서
하얀 미사포로 너의 얼굴을 가리고
있지는 말아 주길 바래

내가 그리로 갈게
어린 손을 모으고 고운 기도로
나를 멈추어 기다려줘

허겁지겁

너를 쳐다보다가 허겁지겁
외투를 벗긴다 아니아니 너의
속 시를 벗긴다
어떤 시름이 있었는지. 속이
까맣게 타들어 가는
어떠한
새론 속닥임이 씌여 있는지
운전대 잡은 손이
담뱃불 잡은 손이
심장 밖으로 튀어 나갈 것 같은
나의 외사랑이 너의 눈에 띌까 봐
허겁지겁 너의 메타포
우주 정거장에서 보낸 신호. 엘로 코드
벗겨 본다 조심조심 비 케어뿔
개뿔따구도 안 보이지만 성급
하지 않게 꽃잠
그늘 몰래한 사랑처럼
너를 황급히 허겁지겁 벗겨 본다
너의 속 시
속 시끄러운 속내

후련히 한 박아지 목물 하는 소녀의 등꺼풀
위에 앉은 하얀 눈길 도둑 닮은 달빛
하야난 시
너만 알고 너만 나에게로 보내는 천상의 신호
그 하얀 속 시

깨금발 치자꽃 입맞춤

두 시간 반 달려가 너에게
칠 분의 키스를 나눈다

가혹한 현실에서
멀어져 가는 두 시간 반. 나는
고속도로 달린다

나를 은혜하는 치자꽃 닮은 그녀가
칠 분의 키스를 기다리는
그 곳, 나 두 시간 반 달려간다

나의 아랫입술이 너의 윗입술에 포개지고
우리는 영혼으로의 첫인사 나눈다

수박같은 그의 선홍빛 혀가
나의 동굴 같은 입 안에 뱀처럼
헤엄치면 나는 끝도 알 수 없는
저 나락의 지옥으로 후드득 떨어진다

그의 옷섶 붙잡는다

영원처럼 순간으로 추락하는 나를
끌어올리는 그의 다른 입술
내 입술로 조용히 받친다
예쁘게도 익었다 너의 아랫입술
부드럽게도 숨 쉬어진다 너의 윗입술
수박향 나는 너의 넘치는 옹달샘

나는 깨금발로
조용히 아침세수 하러 온
토끼처럼 놀란 두 눈으로
너의 그 청량한 샘
한 모금 마신다

눈 비비며 황홀한
너의 혀를 조용히
숨죽이며 쓰다듬는다
너의 보드라운 머리결 닮은
너의 그 보드라운 혀를…

비릿한 너의 첫 내음 느낀다

살짝 덜 익은 계란 냄새
사랑을 처음 아는 떨리는
열여덟 첫 여자의 냄새

두 시간 반 달려
칠 분의 키스를 한다
그녀의 아릿한 아카시아꽃
향기 내 입 안에 품고
나는 자정 톨게이트를 지난다

그녀는 톨게이트 저 안에서
내일의 나를 수줍게 기다린다
치자꽃 하이얀 치자꽃처럼
바르르 떨며 첫 입맞춤의
겁남 망설임 환희로
교차하는 그곳 톨게이트 안에서
내일의 나를

비의 늪

비의 늪이라 했다
닫아 두어도 틈으로 뚫고 들어오는
비처럼 너의 사상들은 나머지 공부로
나를 힐끔거린다

귀에서는 낯설은 속삭임이 주르륵
닦아낼 새도 없이 다시 달팽이관을
돌아 돌아 주르륵
푸드득 한 마리 비둘기 날려
나의 소식을 힐끔 보내 보지만
비에 젖은 잿빛 날개 가슴이 잿빛이다

지나치며 사랑 않는 미친 듯한 여울
보내면 그만인 사사로운 상념들

어제 내린 비는 오늘도 다시 찾아와
발을 걸어 넘어뜨린다
내일도 올 것을 알기에 먹먹한 두 다리는
천 근의 올가미를 스스로 맨다

네가 보이는 세상은 늘 나의 발목을
붙잡아 빠져 나갈 수 없는 거짓 형상을 만들고
붓꽃의 가녀린 허상을 보랏빛으로 그린다

너의 날카롭게 부러진 다리는 어느새 내게로
걸쳐지며 맥을 놓는다

후다닥 설 익은 낮잠에서 깨어야 한다
늦은 아침도 꾸역꾸역 밀어 넣어야 한다

너에게 몰두하는 동안 더 많은
창으로 비가 흘렀고 아파 오는 어깨는
들썩이며 비를 맞이하였다
어쩔 수 없는 히말라야 연기들은
비에 맞지 않으려 내 곁에만 머문다

툴라시 산달우드 아갈바티스

물푸레

물푸레 나뭇가지의 고향은
바다
그래서 가지 동동 띄운 물은
푸르다

물푸레 나뭇잎 오매는
하늘
그래서 나뭇잎 헤엄치는 길마다
파란 구름

물푸레나무 뿌리는
심해
그래서 벌레 대신 물고기들이
사나부다

시간의 환승

이십 대의 남자가 말한다
있는 게 시간 밖에 없어
이십 대의 여자의 얼굴을 올려다 보았다
남자야 그 시간을 나에게도 좀
나누어 주렴
버스는 멈추고 야심한 보충수업을
태우고 버스는 떠나고 시간은
계속 남겨지고 다음 정거장에 버스는
멈추고 사연도 없는 야릇한 만남이 타고
버스는 떠나고 시간은 여전히 남고
이십 대의 남자가 내리고
이십 대의 여자도 내리고
그렇게 남은 시간들을 데리고 떠나고
망연자실 나는 빌리지 못한 남는 시간이란
것들을 비벼서 상해지도록 다시 비비고
남자가 다시 시간을 남고

반 크러치

신경이 곤두서 식은 땀을 흘리며
꿈에서 깬다
너를 붙잡지도 떼어 내지도 못하는
가위눌림
놓아 버리고 싶었지 좀 더 용감한
사랑을 직진으로만 주행하려고

백 일이 지나서 내 갈라진 발바닥들이
사시나무가 되어 버려
백 하루가 예견된 일일지라도
멋지게만.. 이 언덕을 추락하고
싶지 않았지
왜 이렇게 신경과 혈관들이 떨고만
있는지

이 순간 니가 떠올라 더 힘이 빠지고
두 다리는 멈추어 두 발등을
짓누르는 압박의 활 시위

나에게 칼날같은 혜안은 사라져

땀이 비 오듯 너를 버리지도 갖지도
못하는 반 크러치
좀더 너에게 익숙해지려면 시간이
더 필요한데 나에게 너의 마음을
조금만 더 갖게 해주면

그리워하기 전에 놓을게
약속해 그걸
반 크러치

염소와 다리

어차피
혼자였다
굳건한 두 다리로
땅을 디디면 삶의 김이 그
다리를 관통하였다 조금씩
기운을 얻은 의식들은 가을을
맞을 것이다
사람은 가고 사람은 가고
사람은
가고
남겨진 두 다리는 길을 잃은 채
서 있고 한 마리의 염소가 풀을 뜯고
곁에 서 있던 그리움도 같이 풀을 뜯고
어차피
혼자였다

하얀 양말

니가 나를 본의 아니게 돌돌 말아
잃을까 봐 나는 하얀 양말 열 켤레를
똑같이만 산다
어느 머언 훗날
내 마음도 돌돌
말리어 자개장농 아래서
시커먼 먼지 입혀진 채 넝마로
갇혀 있을까 보아
똑같은 흰 양말 사들고 온다

땡땡이와 스트라이프가 두 눈을
꿈뻑이며 내 팔뚝을 붙잡았지만

무신경한 너의 발바닥이 본의
아니게 나를 한 짝
그리고 한 밤 자고 모레날에 한 짝
칠 일 있다 또다시 한 짝
어디 있는지 못 찾을까 보아 나는
전전긍긍

분홍 꽃무늬와 은빛 은사가 마음 드러내
꽃으로 놓인 새 양말로 행여 갈아 신을까 봐

나는 오늘도 너에게 흰 양말로만
열한켤레로 디밀어 본다

빈 집

우리 동네에는 모든 걸 달관한
쓰러져 가는 집 한 채 있다
이 동네가 허허벌판일 때
첫 집으로 지어졌단 소리도
있고 주인 내외가 아들이 죽자
집도 절도 버리고 사라져 버렸다
는 소리도 있다
가문비나무 비 오는 날이면
집에서 우는 소리가 나고
동네의 모든 더운 바람들이
모여들어 쉬고 간다고도 했다
번개 치는 날이면 그 집이 지어질
때부터 모이기 시작한 촛불들이
하나 둘 번개를 쳐대고 가끔
기운 없는 초 하나는 옅은 실개바람에도
검은 그림자를 출렁거렸다
물색없이 좋은 사람들이었을 거다
동네 사람들이 만만한 도전장을
얼기설기 엮은 우체통에 두고
갔지만 그들은 절대 싸릿문 밖을

내다 보지 않았다 웅덩이도 말라
모기가 떼죽음을 당한 어느 여름 해에
주인은 떠나고 비명을 지르는 허기진
집들을 다독이며 살았다 한다

비 맞은 편지

경중거리던 내 첫사랑의 사월은

비 내리는 어느 캠퍼스의 오후처럼
단꿈 꾸었다 설레였다

기여코 오늘은 편지 부치리라
다짐하고 밤새 손편지를 썼다
오늘처럼 불혹의 오늘처럼

그러나 나
편지 배달되는 그 짧은 거리와
그 새파란 기다림도 참지 못해
비 오는 거리를 달려갔다
철프득 철프득
기러기 소리 펄럭이며

기여코 그녀 집 앞 달려가서는
비 맞아 풀 죽은 편지를

젖은 손에서

그녀에게로 떠나보내며
그 퍼런 초록의 우체통에
집어넣고는
울고 또 울었다
후회하고 또 후회했다

그리고선 부글 끓어오르는
허연 거품 울음
국수물처럼 한소끔 넘친 후

난
집배원 아저씨를 기다렸다
비가 개일 때까지
내 첫사랑의 편지는 그게
처음이자 마지막이었다

부치지 못한 편지
비 맞은 내 마음의 편지

고동

사람에게 영혼을 기대어 본
사람은 안다
사람에게도 바닷가 파도 안은
고동 소리 들린다는 것을
먼 데서 들려오는 바다 메아리가
사람에게 고스란히 입혀서는
부우웅 뱃소리도 되고 다시
고동 소리도 되는
뱃고동 영혼을 흔들어 놓는
파도 있다는 것을

사람에게 영혼을 기대어 보면

쪼꼬래

쪼꼬래 하나 사준다고 내를 불러내던
오빠야는 어데서 잘 사아나
가나 쪼꼬래처럼 그릏게 떠나 가나
맴만 뺏고소로 그래 가부리나

으 으 그늠으 논바닥 갈랫길 같던
조각조각 열두 조각 맴은 부러띠려 놓고
그래 가부리나 으메

쪼꼬래 물레방앗간서 그래 그래마
흐느적 까리하게 노가뻗겨 그 조각이란
조각은 냉구만치로 뚝딱 똑딱 가지
다 잘라놓고 오빠야는 그래 녹아버리

다시 온다캤는데 독일 광산 다 캐믄
쪼꼬래뜨 사가지고 온다 캤는데
암만

등걸

휴식처가 될 수 없는 사랑이었구나
쉬어갈 수도 고개를 빈 어깨에 기댈 수도
믿어지지 않는 투명 반지를 굵은 손마디에
끼워놓고 거짓 사랑을 노래했구나
서른 날을 꽉 채워 사랑하고
서른 한 날은 숨 고르게 빈 언덕을
빈 발로 황토 가루를 문대며
볼을 부벼 대는 바람도 내치우고
어떤 그리운 나무 아래 시야도 보이지 않는
나무만 그늘로 우는 하늘 아래
그냥 주저앉아 울어 버린 거였구나

죽음보다 깊은 잠에서 꿈을 삼일 밤낮으로
꾸던 휴식이 아니었구나

먼지

먼지를 털면서
사람도 이렇게 탈탈
털어내면 얼마나 좋을까
생각한다
어깨에 걸린 그리움
가슴에 앉은 애절함
주머니에 넣은 상처
바지춤에 걸린 미련

먼지를 터는 건지
나를 때리는 건지
홀로 어쩌지 못하는
그리움에 바람을
불러 본다

어찌 하라고 나의
이 생은 너를 향해서만
이어져 있는지
원망하는 실타래
그 끝에 내가 서 있다

너로 말미암은 것
나로 말미암은 것
양날의 칼로
너를 지켜내려는 것

겨울 나목에서 배우는
혼자 그리워하는 법

아직도

아직도 비가 내린다
여태껏 니가 나를 사랑하나 보다

아직도 꽃이 진다
지금까지 니가 나를 지우나 보다

아직도 바람이 분다
비로소 니가 나를 떠나 보내나 보다

꽃 재

소리 없이 놓아두고 가기로
화려한 마음 끝자락
꽃잎처럼 날리우고
조용한 입김
뜨거운 봄 밤, 타오르는
증기의 영혼으로
널 감싸고 또한 널 느끼고
두려운 마음도 그 속으로만
감추어 버리고
그 내려놓은 마음 거울 위로
또르르 흐를 때
내 비어 가는 투명한 술잔 안으로
꽃잎처럼 낙화할 때

나의 성긴 마음도 무거운 봄의
미련한 생을
마친 줄 알거라

너의 연상 떠나고
너를 향한 연모. 고개 떨구며

그렁그렁 니 마음에 앉히거든

널 향한 마음이 어린 새가 된 듯
보아라

이제 다 되었다
이제 다 하였다
내 너에게 보일 수 있는
지상의 열연
무사히 마치었다

하얗게 타다 남은 재가
새벽 산책길에 보이거든
밤새 꽃으로 타다 남은

나의 연서인 줄로만 알거라

응, 그래

떠나는 것들에 서운해 하지 않기에
난 괜찮아
봄에게서 배웠거든
여름이 곧 온다는 걸
바람에게서 배웠거든
비가 곧 온다는 걸
메아리에게서 배웠거든
다시 돌아온다는 걸
그러니 넌 떠나도 좋아
지금이라도 좋아
니가 원하는 것들이 널
목 메이게 부르는 어느 날이 오거든
떠나도 좋아
아무런 신호 보내지 않아도
내가 너를 보는 북극성의 별로
두고두고 너의 그림자 비출테니
너는 그저 너의 행복하다 생각되는
그 길을 가기로 해
응? 그러기로 해

모란

내가 널 금단하고 얻은 건
널 정말로 못 잊겠다는 것
내가 널 피기까지 기다린 건
또한 내가 정말로 널 못
기다린다는 것
니가 나를 잊어줄 때까지는

너의 봄이 가고 여름이
오더라도 모란은 기여
기여코 기다리고 있을 거라는 것

카톡, 그 지워짐에 대하여

무성영화처럼 그림되어 스쳐 지나간다
스크린 가득 너에게 가는 글
목소리 없는 흐르는 아름다운 사랑
멈춘 감정 되새김질 하는
무성영화 기록… 카톡

스크롤을 올려도 보고 내려도 보고
사진은 저장했다가 지웠다가…
예전 그가 한 말
오늘 내가 한 말
예순 날 그가 했던 무성 입맞춤
예순 한 날 내가 했던 처절한 답맞춤
예순 둘째 날 내가 했던 차마 하냥 하지 못했던

울리고 울리며 떨리고 떨리며 주저했던 삭제
내 영혼이 갈기갈기 찢기는 한 날
예순 한 날 그 한 날

붙잡아 두려했지만 무덤처럼 차곡이
사랑 앨범 만들어 영원히 영혼으로 갖고 싶었던

그를 버리는 오늘이 눈물난다

촛불처럼 흔들렸던 그 날의 감정들이
무성영화 씬 #234 뒤로 숨어 젖혀져 버리고
폭포처럼 씬 # 1 로 수줍게 태어난다

지워지지 않는 영혼의 영혼으로의 대화
목소리 잃은 하와가 형벌받은
에덴동산의 선악과, 테이프로 감긴다
뱀의 사악한 또아리처럼 수많은 언어들 휘감는다

쫓겨나는 영혼의 영혼으로의 추억의 명화
하와 닮은 카톡 울먹이는 카톡

사랑해
지워진 오늘보다
그려질 내일 더 더 더

발소리

문이 열리는 소리
니가 내게로 오는 소리
얼음이 떨어지는 소리
니가 내 가슴으로 떨어지는 소리
두 개의 빗장을 열어 너를 들여다 보면
골치 아픈 세상은 멀어져 가고
바르게 길이 나는 너의 가지런한 척추뼈
내 마음에 길을 내고
문 밖의 낯선 비명은 들리지 않네

시간도 문을 닫고 깜깜한 낮
긴 오후가 조용히 잠드는 시간

문이 열리는 소리
낯선 노크가 발자국 소리를 내며
가슴을 뛰게 해도 기억 잃은 첫사랑은
움쩍대질 않네
귀를 감고 눈을 열면 들리는 소리
부드러운 살갗 타고 흐르는 냇물
여울도 숨죽이며 지켜보는 너의 숨결

잠이 들어도 좋아 밤이 오지 않아도 좋아
이미 저만큼 간 사랑이 뒤돌아보고 있는 걸

니가 오는 소리 빠끔히
나의 문이 빗장을 여는 소리

부화된 사랑

내 안에 있던 그리움이 뭉쳐
노랗게 웅숭그리다가
내 안에 있던 투명한 호수에
이십 일을 갇혔다가 목마른
두 눈이 생겼다 뭉특한
외로움으로 기다리다 지쳐
날카로운 부리로 변했다

그리움 밖의 세상에게 매일 부리를
쪼았다 아무도 답하지 않았고
한 번의 기회와 젊은 인연도 오지
않았다 산소가 부족했고 창문 틈은
점점 조여 왔다 의식의 흐름을 따라
뇌는 하루에 삼백 그람씩 커져
갔지만 소리질러 보아도 나쁜 진동만
투명한 호수에 출렁였다

누구 없어요? 밖에 누구 안 계셔요.
이상한 이산화탄소가 미세한 창문으로
들어왔고 그리곤 나갔다

죽을 것 같던 그리움도 살 수 없을 것
같은 망막함도 그 틈을 이용해
빠져나갔다

사랑이 부화되고 있었다

섬

난 조그만 점이다
점이었던 섬이 사라졌다
아까 전에 두 개의 점이었던
거리를 두었던 섬이었다
아니 점이었다
그런 섬이었다
물고 달아났고
햇살에 디어 눈이 멀었었다
북풍 찬 바람에 섬은 날아갔고
눈이 먼 점이 두 개로 보여지었다
기다리라던 섬은 항해를 떠났고
기다리지 않는 점은 잠수를 했다
바위가 구경하는 섬은 차마
따라 나설 수 없는 따귀의 신파
당나귀 타고 떠난 백석의 섬
깊은 전복이 두 팔로 끌어안고
자야의 온도를 측정하는 수심 천삼백오십 미터

마름질

너를 마름하려고
또한
너를 담대히 마감하고
새로 태어나려고
앙탈하며 해탈하며 이
여물같은 생은 마감하려고

이별에
미련에 수감된 우리의
형기는 얼마나 더 남아 있는가
점사로 촛불 꽃을 피워 보려고

아는 이의 내력만 읊어보려고
나무 밑동에 숨은 이끼 안에 숨은
옹이의 세월로만 나뭇가지의
머나먼 전설을 노래하려고

숨어 산 날들의 울음을 소리 없는
통곡으로 흠씬 맞아 디져 보려고
나는 쓰러져 가는 허름한

누각에서 바람의 소리를 훔쳐보는

깃털 빠진 새로 울어 보았던 거야
사실은 폭우의 날로 울었던 거야

너를 마름하려고
말갛게 하얗고 순결한 백옥의
너로 돌려보내기 위해
실은 붉은 핏기를 너에게서
제거했던 거야

박제된 생으로 마감하지 않기 위한
되도록의 현명한 신의 배달부가
되어 너를
마름하는 무색의 오늘 말이야

살가운 말이, 비 오는 오후

예쁘게 말해주는 사람이 그립다
싼마이 메드 인 어느 나라 옷처럼 바느질도 대충하고
어떤 주저함도 없이 돼지표 본드로 그 장식이란 것을
발라 대고 숨긴 것 같은 가벼움으로
나에게 던지는 말… 아픈 말…
말(馬) 닮은 양날의 칼을 매단 채 날라오는 상처

혼배성사의 밧줄로 말의 탈을 쓴 호적초본
아무 생각 없이 튀어나오는 오래된 수도복 차림의 너
얌전한 매일의 말을 담아 새끼로 꽈서는, 갓 생긴
누에처럼 영혼을 갉아먹고 자란 비단실이 필요해

속죄 받은 양의 피를 씻어 만든 양가죽의 하늘 빛
윗판 아래판 가죽에 대고 날 무딘
송곳으로 조심스레 구멍을 내어야 해
말이라는 니가 입으려 했던 옷은…
핸드메이드로 무겁게 오래도록 매일을 살아낸 자만이
들을 수 있는 그 다정스럽고 살가운 말이란 것은
그런 이만이 들을 자격 있는 말이거든
니가 던지는 그 고원의 화살촉같이

메마른 사막을 탈출하여 달려오는 낙타 말고

말이란 말은 말야
그런 게 아니거든
사랑이 담긴 말이라는 거
생각이나 해본거니 너의 그
싼마이 메드인 어느 나라 말이라는 거는…

바람 부는 어느 날

어느 한 날은 그도 나를
미치도록 보고 싶은 날이 있겠지
안 오는 버스를 기다리거나
험한 산을 홀로 오르거나
사과 하나를 반으로 쪼갰을 때나
31일 무료 통화량이 남아
해치우고 싶을 때나
쌍팔년도 유머가 필요할 만큼
실없는 농담의 위로가 너무 그리운
무지 하루가 딴… 근육 뭉치듯
그리움도 똘똘 뭉쳐서
아무리 주물러도 풀어지지 않는
날이면 당신도 나를
….

아내의 안해

나는 금메달 딴 아내를 곁에 둘
필요는 없다

오매 손맛 닮은, 늙은 오이지 무침을
아침 밥상마다 얹어주는
바느질삯을 받아다 내 도라지 위스키
한 잔을 목구멍으로 털어 넣어주는

나는 그저 뜨거운 구릿빛 몸으로
피가 모자랐던 모기에게 아내 대신
뜨건 피를 대주면 되었던 거고
약속 없는 불 꺼진 책방 앞에서
퇴근하는 아내에게 존경에 마지않는
키스를 조금 해주면 되는 것이다

나는 금메달 따는 아내가 필요한 것은
아니었다

바다

파랗다
쏟아진 잉크가 분명인데
바다라 부른다
다 색맹이다
외로운 인간이 부르는
부서지는 이름이다

파랗다
부셔진 하늘이 분명인데
바다라 부른다
다 바보이다
쓸쓸한 사람이 부르는
쏟아지는 이름이
바. 다. 인. 데

잘은 모른다

내가 바라보던 별똥별 사라져
너의 창가로 떨어지는 별똥별을 네가
볼 수 있다면 분명 우리는 사랑하는 것
일지 모른다

내가 맞았던 빗방울 게이고
너의 처마 밑을 똑똑 떨어지는 마지막
빗방울 소리를 듣게 된다면 분명
우리는 사랑하고 있는 것
인지도 모른다

멀고 먼 사막 모래 먼지를 폴폴 날리며
하얀 모래 낱알로 버석이며 웃어도
은빛 먼 나라 소식을 전해주는 너의 입이
바쁘다면 나는 부지런한 사랑을 할 것이다

길고 긴 강줄기 물수제비 통통이며
세 개로 네 개로 혹은 셀 수 없이
멀어 진다 해도 내게 이미 퍼져간 파동으로
너의 뒷모습을 퍼뜨리고 있다면 나는

이 또한 감염되는 사랑을 할 것이다

잘은 모르나 그 사랑…
잘은 기억나지 않으나
그
사랑

새벽5시 홍대

니가 내 것이 되는 새벽 5시
자정부터 나는 꿈속으로 너를 만난다
한 시간에 한 번씩 너의
여 자 된 다

니가 내 것이 되는 새벽5시
한 시간에 한 번씩 노래 부른다
새벽을 준비하는 하루살이의 노래
시월의 어느 멋진 날에
꿈에서 나는 충무로 걷는다
너에게 부치지 못한 편지
윤전기 속으로 부스러지며
시가 되어 너에게로만 돌아간다
충무로 골목마다 메아리 되어
너에게 퍼진다 나에게 돌아온다

꿈에서 나는 홍대 걷는다
수많은 연인들 중에 너는 없다
홍대, 서른여섯 개의 색이
아름다운 시가 되는 거리에서

너에게 줄 스케치북 산다
서른여섯 아크릴물감 산다
서른여섯 개의 시를 산다
나, 너에게 줄 4B 산다
너는 분명 나의 벌거벗은 몸을
그 4B로 더듬어 스케치북에
아로 새길 것이다. 살빛 꽃으로
영원히 보내지 않을 것처럼
스케치북 안에 너만의
벗은 나를 가둘 것이다

그가 내게로 걸어오는 새벽 5시
자정부터 시작된 불면의 시간 따위
내게 더 이상 고통 아니다
조금만 기다리면 그는
내 안의 그림 된다
아름답게 채색되어 내 것으로 온다
서른여섯 사랑으로 온다

슬픔 센서

고개를 떨구는 슬픔과 나도 어쩌지 못하는
희미한 미련이 나를 감싸면
매일 나를 비추던 우주의 그늘같던
천장의 센서도 나를 찾지 못하지

불은 비추지 않고 더듬거리듯
나를 찾아 헤매이면 그립던
우주의 자장가가 나를 쉬게 하지
멈추라는 듯 찾아가는 그 길은 이제
곁으로 나지 않는다는 듯

놓아두고 숨어버리면 더 깊고 아련한
꿈으로 찾아온다 하지
힘겨운 고개를 떨구는 방황은 이 밤엔
접어 두라 하지
곁에 있겠다고 늘 지켜보고 있겠다고
쉬어도 좋은 슬픔을 만들어 놓았노라고
그러니 그러하니 이제는 쉬어도 좋다 하지

서울여상

나, 두꺼운 원서
가느다란 팔뚝에 끼고
푸르디 푸른 교정 걷고 싶었지

이 지긋한 가난 벗어나
홀쩍이는 어머니도 등 굽은 아버지도
코 흘리는 동생도 없는
나의 동경의 호수 찰랑이는 캠퍼스
맨발로 걷고 싶었지

새벽이슬이 알알이
박혀 있는 열여덟의
첫 이슬처럼 칼날같은 잔디에
기생하던 참 새벽이슬
벗은 발바닥으로 즈려밟고
싶었었지.

깨달음의 언어들이
전율하며 지식의 덩어리로
내게 퍼부어질 때

후두둑 소나기처럼 대학생이
되어가고 싶었지

아! 그러나 나
서울여상 걸어가네
인당수로 팔려가네
한국은행 들어가네

손 곱은 어머니의 소원
주름진 아버지의 바람
고봉밥 먹여야 하는
막둥이의 그 가난한 입
그 입, 외면할 수 없어
나, 서울여상
그 검은 교복 입네
전공서 대신 검정 가방 옆에 끼고 걸어가네

작은 어깨 떨구우며 오늘도 나 서울여상
교실 문 들어서네

파경(罷經)

아침부터 곳간에 은밀히 들갔다
나오는 내를 어째 봤는지 내 오매가
달거리 속곳을 가져오는 지천명 내게
쎄게,,, 내 등짝을 내리친다
학교 때 내내도 한 번도 날 때린 적 없는
오매다

오메에에에 놀라 부렀소. 오매!!..와 또 그라요
이거사아~~ 월매나 앞으로 더 할 날
남았다고 이래 지천으로 싸 두나? 요 남사스런 거슬~~
니가 핸다면 또 월매를 더 할껴? 어이 ?!..

난 가시나무새 울음 뚝뚝 흘린다
파경(罷經)에 하루 더 가까워 가는 오늘
여자로서의 生이 하루 더 어혈(瘀血)로
떨어져 나가는 오늘

열세 살 꽃같은 나이, 어느 이른 봄날
흰 몸에서 동백꽃잎이 우수수 떨어져
그 꽃들이 내 몸 주위로 흩날려 날리울 때

그 한 잎 내 흰 손 위에 주워들고
기쁨인지 슬픔인지 모를 눈물이 떨어지면
벌겋게 그 꽃잎 되어 벌겋게만 물들어가는 것을
열세 살 어린 나이에 보고 또 보고
뚝뚝, 어린 가시나무새 눈물 흘렸다
꺽꺽, 어린 어깨 들썩이며 울었다

나도 모르게 달려가 안긴
동구 밖 가래나무 아래로 머얼리
떨어지는 붉은 저녁노을이 마중 나와 있었다

열세 살 내 작은 몸과 같은 자주빛 고운 어린 잎이었다
그 조각 난 노을 별들은…

이제 나는 파경(罷經)으로 걸어가는
늦은 어미새 되었다
늙은 오십의 어미새 되었다

동구 밖 가래나무 아래
저녁노을이 진다

나도 이제 자주 낙엽 흐드러진 가래나무가 되었다

마중나온 나의 늙음과 고독도
저녁노을로 기다린다

열세살 어린 동백이 뚝뚝 그 떨굼 멈추고
겨울 흰 들판 얼은 서리발 초원을
맨발로 밟는다
그날처럼
순결히 맨발로만…

파경(罷經)
오십 해를 잉태의 아이씨 품고 살 수 있었던
나의 동백 자궁 안으로
깊은, 공감의 슬픔과 따스한 위로의 손을
내민다

경외(敬畏)
세상 모든 살아있는 것들의 어머니
마흔아홉 해 오백팔십팔 날 삼천 번의

생살 찢는 날들 무던히 참아내고
하얀 과꽃 같은 나의 여성
말갛게 씻기운 얼굴 고운 여자 되게 해주어서

파경(破鏡)되지 않는
깨어진 거울
이지러진 달
파탄의 바람
맞지 않게 해준 고마운 달거리
오십 해 나의 아이씨앗
영혼의 어머니

나는 오늘도 곳간 숨어들어간다
푸짐히 곳간 가득 이것을 더더더
채워두려 말이다

2

추억의 뒤안길

여동생 숙자

나는 오늘 삼만이천 원의 지폐 들고
숙자 보러 새마을금고 간다
푸른 돈들이 마을처럼 모여사는
새마을금고, 우리 숙자가 그림처럼
앉아서 푸른 웃음으로 나를 맞는 곳

가난한 오빠를 위해 그토록 가고싶던
숙대를 포기한 코스모스같은
우리 여동생 숙자가 있는 새마을금고

나는 오늘 새마을금고 간다. 여동생 닮은
숙자가 교실로 나란히 칠판 보고 앉는 곳
판서처럼 고객을 만나는 곳
무서운 교장같은 상사를 등에 지고 일하는 곳

그곳에서 번호표 뽑는다 숙자에게 가는 티켓 뽑는다
숙자의 대학을 저당 잡힌 날, 숙자는 많이도 울었다
못난 오빠도 비겁한 우물가에서 우물처럼 목놓았다

나 오늘 여동생같은 그 직원에게 부치지 못한

편지, 대기표 9번을 내미리라
그리고 삼만이천 원의 십 원짜리 동전으로 바꾸리라
그녀가 흘렸던 눈물만큼, 그녀가 짊어진 무게만큼
무겁게 무겁게 삼만이천 원의 동전을 지고 오리라

나는 오늘 십 원짜리 동전 바꾸러 새마을금고 간다
이름처럼 푸르른 마을, 나의 여리디 여린
열아홉의 숙자가 내 등록금을 벌어 대던
푸 르 지 않 은 마 을….

가운데 자리 옆자리 여동생닮은
숙자가 삼만이천 원의 동전을 웃음처럼
내미는 곳 그곳

친절하지만 천박하지 않게
교양 있지만 난 척하지 않게
진심 있지만 헤퍼 뵈지 않게

입 안의 혀처럼 나라는 못난 오빠에게
웃음을 파는 곳

숙자는 저렇게 하얗게 웃는다
오늘도 분명 기쁨 없는 출근을 한
아침 굶은 여동생 닮은 숙자

살아 있었다면 서른두 해의 행복한 생일 맞을
널 축하하기 위해 나는 푸른 바다 닮은
미역국 끌어안고 새마을금고 들어간다
서른두 해 너의 꽃같은 생일날

목화

난 이 첫사랑같은 이름이 좋다

흰 솜털 꽃
동네 총각들에게 눈웃음 흘리고 다니던
춘심이를 닮지 않아 좋다
나 좋다고 무작정 작정하고
따라다니던 민자를 닮지 않아 좋다
내 첫 동정을 요구르트 한 병처럼 앗아간
청량리 두 시 다방의 미스 리. 레지를
닮지 않아 좋다
군대 가는 날, 날 기다린다며 수줍게
만든 흰 목화 장갑을 내 손에 쥐어주던 내 첫사랑
목화꽃처럼 내 씨앗이란 씨앗은 다
뒤집고 튀어올라 나를 미치고
팔딱 뛰게 하던
그 화들짝 놀라 자빠지게 흰
볼따구니를 잊을 수 없다
그래서 난 아직도

이 첫사랑같은 이름이 좋다

광장

한 웅큼의 점괘를 너의 얼굴에 뿌리며
나는 뒤돌아 선다
축복 대신
아픈 꽃 대신

너의 영혼을 문병하고 돌아오는
이별의 카를교는 까닭 모를 갈매기들의
무덤을 보았고 철새들도
그 광경의 목격자가 되었다

광장으로 늘어 선, 열 맞춘 피데기들도
자유과 변명을 갈구하며 단식의
하루를 보태고 있었지만
지나가는 군중들은 사랑에 목마르다
우물 없는 출구를 찾아 두레박을
던져 보지만 빈 공기만 애꿎은
푸레질을 하였다

희미한 기도가 누군가는 영롱해 지는 걸
보았다 했고

자다 깬 어린아이는 어미의
젖가슴을 찾았다
정연하지 않은 광장엔 오늘도
한 웅큼의 점사가 난무하였다

덕구온천

은빛 햇살이 솔 향으로 씨 뿌리는 덕구온천에는
38선 이남과 이북의 뜨거운 강을 건너는
나안의 여인들이 있다
지 어미가 누구인지 알 것 같은 딸이 있다
갈색 가죽을 할로인의 프린트 해골처럼 입은
오스트랄로피테쿠스도 젖은 젖가슴을 달아
여인네임을 표시한다

덕구에 서면 밭고랑을 서너 개씩 파종한
어미와 그 손을 조심스레 잡고 스케이트장같은
납작 배를 한 딸네가 초록 바다를 건너고 있다
남의 여자의 어젯밤 능욕의 각질이 나를
침범하여도 나는 그 허물의 외침을 무방비로,
내 물기 어린 육신에 꽃처럼 받아야 한다
여인과 나는 전생의 무슨 업으로 얽혀있었는가
도대체 왜 나는 그녀의 수밀도를 맥 놓고
쳐다 보며 항복하여야 하는가
여자는 왜 때의 바다를 나에게로 향해 수백으로
자맥질 하고 있단 말인가
바다 거품을 꽃게처럼 뿌악 대며 억세게

노동의 다이알비누 노란 샷대질을 동화처럼 뿌려대는가

여자의 세력이 여자의 부유가 여자의 색기가
내던져지고 처음 태어났던 아기 새의 울음으로
저마다 한 바가지의 세례를 스스로에게 부어댄다
삼분의 일쯤 떨어져 나간 메뉴큐어 껍질이
뻘겋게 너덜거리며 자신의 몸에 산불조심 깃발을
흔들어댄다
이곳은 태어난 이유를 묻지 않는 원죄의 동산
김 서리가 낀, 넋 나간 알배기 여자가 둥글레차를
둥글게 마시며 자기 배를 애무한다
꾹꾹 이태리 갔다 온 타월로 집중한다
한 곳으로만 한 곳에만 여자를 인도한다
뜨거운 물이 용암으로 솟구쳤다가는 도로 하루를
나룻가에서 살다 죽어간다
하루를 죽지 못해 살고 있는 호모사피엔스의 후예들도
꾸덕하게 오늘도 조금씩 말라가는 등짝을 나를 향해
자꾸만 들이민다

뒤꼍

지서 다녀온 오빠가
잔뜩 독이 오른 뱀처럼 씩씩댄다

금방이라도 무언가 잡아먹을 듯
이글거리는 눈으로
장독 위 청개구리를 노려보지만
엄니의 부지깽이를 피하건
힘들어 보인다

쑥갓상추가 잃어버린
알카로이드 독이 없어져서
망정이지 아니면
오빠는 그 상추 먹고 대번
저 세상 갔을 거다

뒤꼍으로 숨어버리는 오빠는
나만 찾아낼 수 있다
불안한 장작을 패고 들어오는
날이면 오빠는 늘 그리로 갔다

채송화를 한참이나 들여다 보고
조용히 어떤 책들을 찢어 태우며
어쩌지 못하는 지금의 먹빛 재들을
젖은 흙으로 줏어 모았다

채송화처럼 나도 한참을
그런 오빠를 말없이 바라보다
뒤꼍에 누워 잠이 들었다

냉잇국

너무 팔팔 끓은 뚝배기 안 봄을
한 입 냉이로 넣으면
혓바닥이 화들짝
입천장이 헐레벌떡
허거덕 너를 데이고
화들짝 혀를 빼 봐도
너무 늦었고
너무 빠졌다
이미
너무 팔팔 끓은 뚝배기 안 봄을
한 입 두부로 넣으면
뜨건 이가 우지직
까져버린 입술이 얼떨떨
헐헐헐 두부를 뱉어도
너무 순했고 너무 넘쳤다
와락
너를 한입 물고
뜨건 가슴으로 곁들이기
좋은 점심 때

지금은 없는

기다리라고 했다
온다고 했다
정거장은 아니라고 했다
바다라고 했던 것 같다
아니
아니아니
절벽 위라고 했던 것 같다
오고 있다고 했다
마음이 너에게로 가는
중이라고도 한 것 같다
아니
아니아니
멈추었다고 했다
정거장은 아니라 했다
잃어가는 중이었던 것 같다
지금은
없는 하늘의 약속을 상실하고
있는 중이었던 것 같다
지금은 없고, 지금은…

달이 달을 낳았다

달이 달을 낳는 것 같다
달걀이 달걀을 낳는 것 같다

달은 결국 달을 낳는다
상현, 하현, 보름 달
셋을 일단 낳았다

엄마 달 이름은 정월 대보름
큰누나 이름은 한 가 위

나는 내 눈길을 길 삼아
달로 떠난다
달 가족 이웃인 노을, 구름
을 만나러 간다

최상현선배 어머님 이름이 달님이라더니
울 아파트 윗층 아주머니 딸이 보름이인데
여기저기 달이 달을 많이 낳았다

달이 달을 낳는다는 내 말이 맞는 말이다

장미 넝쿨

아부지가 불러서 개봉동 간다
큰길 꺾어 골목 들어서면 가로등이 서 있다
네 번짼가 다섯 번째 던가 하던 집

볕이 조석으로 들고 또 달 그림자가 일렁이면
뒷담 가득 파도처럼 붉은 장미가
흐드러져 뚝뚝 흘러 내리던 장미 넝쿨 집
거기 혜옥이가 이 층 베란다에서 왁자 한
공터 놀이터를 바라만 본다

아이들의 소란한 그림자를 붉은 얼굴에
가득 담은 혜옥이가 멀리 보인다
날 보듯 하여 부끄러운 심장이 조여든다

부러진 넝쿨 가시 내 심장을 찔러대면
날 붙들고 진정시키려 애쓰던 담벼락
혜옥이가 나를 감싸던 꿈을 꾼 날은
어김없이 구들장 뜨건 땀이 등 가득 질척였고
혜옥이가 나를 등 돌리던 꿈의 날은
가위눌린 삶의 습기가 허벅지로 하혈했다

내 마음 한쪽이 무너지듯 너를 잃으면
담장은 무거운 듯 장미를 떨어내고
개봉동 흙바닥 그 시큰한 냉기 위로
달에 취한 듯 드러눕는 한 사내가 있다

아부지가 불러서 개봉동 가는 날이었다

첫사랑의 동네

첫사랑을 가진 사람에게
한 동네의 어떤 이름은
전체가 지뢰밭이다

그 동네에 머나먼 흰 다리를 건너
첫발을 얹어 놓을라치면
두 다리부터 후덜덜 떨리는 것이다
뭐라 이름 붙일 것도 없다

횡단보도를 건널 때
집 앞을 산책하던 그녀와 그녀의
똥개는 나를 볼 수도 있다

허름한 미닫이 빵집 문을 밀고
들어설 때 그녀와 그녀의 어린 동생이
빵값을 계산하고 있을 수도 있다

효창동 아현동 방학동 신림동
너나할 것 없이 첫사랑인 것이다

바다 이야기도 되었다가
솜사탕도 되었다가
계수나무도 되는 여울너울
울렁이는 동네가 이 길 건너에
오롯한 것이다

하얀 손을 흔들며 안녕
해 주는 것이다

중앙선에 서서

중앙선은 억척스런 억수산 등산객이 자리를 탐하는 곳
눈 흘기는 묵주가 돌아가는 곳
검은 배낭 맨 수녀님이 바삐 어딘가를 가는 곳
노량진 수험서가 달달 외지는 곳
벌레먹은 곶감이 한낮 전철 창에
지 몸을 말려 까맣게 달달해져 가는 곳
무엇보다 자리를 차지한 자와 자리를 차지하려는
빈곤한 자들의 서식처, 습지의 억새풀
흔들리는 갈대가 장대비 쏟아진 늪처럼
낱알이 가로로 누워 트로트를 맛깔지게
높새바람으로 부르는 섬

외가리 그 먹잇감 찾아 촉새눈을
뜨고는 꽥꽥대는 야생이 등 굽은 섬
이래도 좋고 저래도 좋은 하루를
살아내는 아쉬운 노모가 다라를 이는 섬

벌거벗은 지렁이, 그 그리움에 대하여

나는 외눈박이 두눈박이도 아닌
앞이 보이지 않는 지렁이
오로지 그대 향해
얄팍한 껍질로만 너를 느끼네

너를 향한 그리움에는 이정표도 없네
가로로 가로로만 가는 그리움
세로로 세로로만 가는 애절함

너의 살 내음 닮은 흙냄새
고운 그 냄새의 끝이
내가 가야할 길이라네

오늘도 그대 내 맘에만 묶어두려
땅으로 흙으로 그 속으로 가는 길
오로지 땅으로 땅으로만 가는 그리움
흙으로 흙으로만 가는 애절함

포말도 파도도 없는 침묵의 너를 닮은
깊은 심연의 땅 속으로 오늘도 나는 헤엄치네

너를 호흡할 수 없을 때마다
내가 택한 것은
이 심연의 땅 속
차가운 포옹의 흙이
거칠게 나를 끌어안을 때
찢겨지는 나의 생채기
육신의 고통 따위는 상관없네

세상에 나가면 이유 없는
돌팔매를 늘 맞아야 했던 나

비 오는 오늘
무작정 형벌처럼 온 몸을 벗고
뛰쳐 나간다

오늘처럼 니가 오지 않는
비 오는 아침

파묻어야 하는 내 사랑
오늘도 나는 너를 묶으려

땅으로 흙으로 그 속으로만 가네
눈 먼 암흑의 세계
너에게로만 가네

아버지

새벽 부스럭 소리에
부시시 실눈 뜨고 보니
푸른 작업복의 아버지가
주저 앉아 끈 낡은 작업화를
황토빛으로 묶고 계셨다

심신 피곤한 저 노동의 아침
난 저리 살지 않으리라
옥죄어오도록 무거운 솜이불
다시 뒤집어 쓰며 다짐하는 오늘의
베개가 슬프게 서걱인다

그는 아무런 게으름 없었다
지금까지의 삶 시계추같은 삶
매일이 성실했지만 매일이 고달팠다
그런 그 이기에…
출근 길, 도시락 보따리
넘시럽게 들려 주며 그 웃음
선물처럼 내 손 안에
하얗게 열어 주던 박꽃처럼

하이얀 아내

돌아 와. 거친 손 내밀면
노란 꽃잎 열어 주며 그 손
그 거친 손 꽃잎 안에
꼬옥 가둬주던 달맞이꽃
내 아들

그것으로 버틴다 했다
지금,
아버지의 뒷모습이
다시 나의 모습이 되고
또다시 나의 자식의 뒷모습이 되는
그런 작은 윤회의 시간을
닮은 듯 또 다른 듯
살아 내는 오늘.. 그 오늘 마저도
황토빛 신발 묶는
아름다운 당신
그 이름
아버지…

막차로 가는 남태령

하루의 통금으로 흐르는 열한시 사십육 분
옆좌석 덩치 큰 남자의 숨소리와
술기운 벅찬 호흡을 본의 아니게
함께 공유하는 것조차 허락되는
나란한 취객들의 외로운
막차를 빙자한 순환열차의 끄트머리 칸
칸칸이 출렁대는 옆 열차의 신음
들어도 좋은 하얀 취기가
얼룩지는 벚꽃 흐드러진 하이얀 달빛 봄밤
다들 고개를 숙이고 작고 네모난 세계로
빠져들어 다른 이의 고른 숨소리는
양에 안 차는 배고픈 도시
닮아 허기진 영혼들이 줄지어
막차를 기다리는 또다른 환승의 깊고 푸른 밤
이제 돌아와도 좋아 너의 빈 집으로
이제 쉬어도 좋아 조금 폭
다리를 풀어 놓아도 좋아 마음의 곧다란
빗장이 고삐를 풀고 사랑해도 좋아
맘껏.. 이제 난 안전한 영혼의 해후이니까

신기루

언제 너를 사랑하기라도 했냐
하는 애인처럼 나쁜
계절은 올 것이다

코 끝에 맺혔던 송글한 땀 대신
알싸한 콧김으로 지난 여름을 애써
그려대면서
언제 너를 품었더냐
정색 하는 못된 폼새로

발가락을 꼬불리는 새 계절은
도둑처럼 올 것이다

새 세계의 방언으로 거짓 선지자의
속삭임을 웅얼거릴 것이고
새 날의 알싸한 소름으로 지난
계절의 아쉬운 눈물을 연기할 것이다

우리는 오랜 계절의 섭생을 알기에
달달한 유혹에도 애써 담대할 것이며

언제 너를 사랑하기라도 했냐
하는 계절의 애인에게 나쁜 삿대질을
예전처럼 해줄 것이다

여름은 가고 가을이 왔다 가을이
가고…

사발

백토로 빚은 흰 밥사발 하나 사야겠다
고흥땅 어디 것도 좋고 밀양 어디께
하얀 땅 밟고 일어선 비단꽃향무
향 가득 뿜어대는. 취하고 취해도
가질 수 없는 너 하나의 오롯한
희연한 꽃술 그 검지손가락 하나
내 등뒤로 콕콕 찍어 주는 그런 그릇 하나

윤슬 쌀알 한 톨 입에 넣을 때마다
비단 꽃가루 낮게 깔리어 내 입이 내 눈이
눈물나게 깔깔해 지는 그런 박하향 하나

사발 바닥 안에 너란 듯 부셔지는
미소로 박아놓고 햇살 만나러 가는 그 길처럼
꼭꼭 씹어 너를 먹고, 냠냠 너를 느끼면서 기여히
그 너른 바닥을 보아야 떨리는 미소 나눌 수 있는
그런 바람벽 같은 비단꽃향무 사발 하나
덤벙

미용실

추레한 인간을 변신시켜
뒤돌아 보고 싶은 나를
만들어내는 곳
부석거리는 과거의 구질한
삶을 빗장처럼 덜어내어
사각거리는 돌팔매의
속죄를 입고 나오는 곳
빼갈보다 독한 술 한 잔을
정수리에 부어 지나온
어리석은 과거 따위는
독하게 잊어 주어도 좋은
영구한 뽀글이 인생이
둥글게 말리는 곳

쳐 내고 쳐 내어도 숲을 이룬
추억들이 자꾸만 따라오는 곳
잊어도 좋은 너를 머릿속에서
지우려 삼백육십 개의 거울에
둘러싸여 애처러운 사랑을
도로 포박당하고 오는

성찰의 뒤안길

어딘가에 숨어 있는 너를 뱅뱅 돌며
틈틈이 찾아 오는 노을의 목소리로부터
너를 소환해 내곤 화들짝.
수북한 머리칼의 숲으로 도망가
버리는 비겁한 추억이 묻혀있는 곳

하얗게 질린 궁지의 토끼처럼
그리움으로 부들거리지만
야성의 너는 부러 나를 놓아주지
않으니 바닥에 엎드려 흩어져
검게 조각난 나의 분신들을
주섬주섬 담아 돌아올밖에
그 이상 그 이하도 아닌
딱 내 나이의 얼굴을 한
나를 다시 데리고 나올밖에

별벅스

어깨가 드러난 오프숄더의 흙맛
아메리카노를 땅 속에서 캐올린 별벅스
제법 레베루가 오래 유지되는
퍄란 눈물의 여인
별벌레가 라떼의 거품을 만들어
홀로 무언가를 공부하는 어린 이어폰에
우유를 데워 주는 곳
뚫어져라 노트북을 보지만
인생의 답은 모두 고르시오가
아니라는 것을 알아 내기에
아주 시간이 많이 걸리는 곳
더 이상 녹이 난 주황빛
공중전화를 붙들고
너를 기다리지 않는 곳
쓰디 쓴 커피가 공중분해되어
각성의 핏줄기를 돌게 하는 곳
나는 없고 너만 기다리는
망부의 의자가 덜컹거리며
지구를 떠나려고 매일 준비하는 별벅스

껌을 짝짝 씹다가

되도록 경박하게
되도록 천박하게
껌을 씹는다

오래전 봉헌리 읍내로
홀씨처럼 날라온 열아홉
정임이처럼
껌을 씹으면 트리풀에이
왕순진 정임이가
티켓도 끊고 스쿠터도 비뚜르
타고 논둑길 밭고랑 사이도
뜨비뚜바 건널 수 있을 것처럼

껌을 씹는다

되도록 짝짝거리게
되도록 오물거리게

깜뚜라지까마중

검은 우주가 둥글게 숨어 있다가
초록의 무수한 별똥 아기씨 숨긴 채
하늘가지 할랑할랑 하얀 꽃이 피면
깜뚜라지 입에서는 단내가 난다
한 웅큼 뜯어내어 오물오물 꼴딱이면
자줏물이 뒤범벅 귀신 잡으러 온다
까마중 까마중 까까머리 중
까매서 까마중 깜뚜라지 중
숨어도 숨겨도 보이는 검은 손가락
까까머리 동자도 까마중 까마중
손을 내젓네 안 먹었다 우겨보는
깜뚜라지 속 초록별이 하얀 이 위에서 반짝거리네
검은 하늘 터지고 검은 비 주르륵
달콤한 한입에 동자승은 헤벌쭉
28점 무당벌레도 여린 입 헐떡이는 사이좋은 까마중
오매가 오늘도 마다않고 따 주는
까만 점점 28점 까마중
아고 맛나 아고 좋아 나도나도 한 알 더

3

일
상
의
메
타
포

찌

천사의 꽁지라 하였느냐
백공작의 신화라 하였느냐
너를 흔들어 어리석은 살 진 나를
유혹하는 푸른 너울녘

해가 지는 노을 속으로 너는
떠나갔것만 니가 꽂고 떠난
사랑 불화살이 피데기로도 남지
못하였다 되돌려 보내는 삶이라
하였더냐 생채기의 두 구멍이
숨을 쉴 때마다 니가 들락날락하는
사랑 골을 내게 파두고 수렁처럼
너는 떠나버리면 그만인 것을

너에게로 천 년을 돌아
너의 서툰 뱃머리에라도 남겨지려 한 인연을
절절히 너는 참으로도 못 알아채더라

천 년 전 내 이 강에서 너에게로 표식한
그 돌바위에서 나를 취하고도

너는 나를 놓아주는 우를 범하더라

어찌 얻은 인연인데
어찌 기다린 세월인데
내게 자유로운 슬픈 유영을 허락하는 것은

천 년을 돌아서라도 나를 지켜내는
너의 무지로운 사랑 뿐이였구나

꼴깍

꼴딱 꼴딱 너를 삼킨다
식도 점막 안에 자리를 잡고
집마저 지은 너
푸르게 굴뚝은 연기를 내뿜고
개암 향은 꼴깍 해넘이를 한다

마음 뚝뚝 흘릴 걸 알면서
너에게 마음 흘리는 바보가 나이다
너를 쓱쓱 쓰레질로 보낼 걸 알면서
너를 주워 담지 못하는 나는 바보다

꼴딱 꼴딱 오늘도 너를
삼키며 이지러지는 그림자를
붙들고 하소연이나 하는 나는
해마중의 호사란 있을 수 없는
묵은 달력 같은 것

마음 뚝뚝 흘려 내가 지나가는
자리를 표시하는 나는
그 표식 끝에서 오지 않을
너를 꿈으로 기다린다

사진

너의 초점을 찾기 너무 어려워
빨간 박스 다시 초록 박스
흐려진 얼굴 희미한 어깨
유연하지 않은 콧날 뭉그러진 입술
츄르릅 다시 필름을 되감아 본다
조금 나아진 얼굴 좀 더 보여지는 어깨
콧대가 드러나지는 콧날 두 개의
산등성이가 보여지는 입술
다시 너의 얼굴을 더듬어
초록 박스 빨간 박스 삐리립
철커덕.. 가슴에 샷다를 내리면
석류처럼 터지는 너의 등껍질
터치다운 캐치 유 너를 잡으면
체리같은 입술 두 알이 내 입 안에
그득그득 붉은 물을 토하네
비로소 너를 갖고서야 웃고 있는 너

밤거미의 집

그 거미에게는 방법이 없었던 거다
달리… 네 개의 가느다란 연명의
침으로 만든 끈을 네 개의 동그란
창틀 귀퉁이에 걸어놓고 능지처참
당하는 이웃의 허망한 무너짐을
단지 보는 것 밖에는 넋 놓고…

뭔 일인지 화가 난 주인은 수수로 엮은
회초리를 하늘 향해 삿대 하였다

돛대로 묶을 수 없는 떠난 남자의
그림자가 무스향으로 그 집을 가득
훔칠 때면 한 자배기 굵은 욕과 함께
나의 연명하는 집은 와르르
창을 깨는 거였다

길거리에 오롯이 놓인 절들이 푸념 섞인
염불을 늘어 놓았고 아델의 비코즈오브유는
연일 그 염불에 코로스를 맞추어 대고 있었다

우우우후후 유우우우
거미가 '유'를 불러 댈 때마다 주인의
하늘 삿대질이 더욱 거칠어졌고

여름밤의 축제로 착각한 애처로운
별가루들은 산란하는 빙어떼처럼
은빛으로 아름다웠다

거미

몸에 밧줄 하나 갖고 태어난 이곳
생 이다
무어 그리 생에다 붙잡아 댈 게 많다고
무어 그리 붙잡고 갈 표식들이 많다고
저 세상으로 부터 본디 니 맘 단디 준비하고
왔는가
묶어 놓아도 사랑이고
풀어 놓아도 사랑인데
제 몸에 지니고 아픈 배를
웅크리고 왔던가
무거운 시름 하나 허공에 던져 놓으면
아무것도 아닌 한숨인데
걸릴 것 없는 하늘을 붙잡고
하소연 하는 끊임없는 집착과 윤회의
궤적이여

너의 탈출

내가 널 스러지는 가을을 이엉의 낭만이란 이름으로
하찮이 엮은 어설픈 눈싸락 같은 이 집에 붙잡아 두는 것은
어쩌면 너에겐 형벌일지 모른다는 생각이
푸덕거리는 너의 동경으로 가는 열차표를
보며 그제야 니 호주머니 속에 두었던
도화끼를 찾아낸 것은
조금 모지라 어버버 소리 듣던 내
풀죽같은 육신 때문이었을 지도 모른다
그래 내가 너를 찐덕이지 못해
투닥거리며 널 가두어 둔 새의 옷장을
수리하지 못한 죄이라서
그 가느다란 우윳빛 살결이 찢기도록
도망치게 놔두라는 나의
젖은 영혼의 방언을 니가 듣고 말아서
나는 너를 잃는 것이었다 지금
곰팡이로 메주 띄우는 골방 탄 바닥에다
너의 얼굴을 너의 가슴을 너의 허벅지를
그리는 것은 지푸락 같은 내 삶이 너무
가벼워서다 너무 가여워서이다

다시다뉴슈가

그는 나의 엠에스쥐
다시다뉴슈가스프소다
씨알 굵은 감자를 삶을 때나
달달한 호박 고구미를 삶을 때
알차디 알찬 옥시시를 삶을 때나
쪽갈비의 마지막 살점을 입에 넣을 때

다시다뉴슈가스프소다
없으면 생맹탕
손길도 심심 입술도 심심
입안이 고마 밍숭맹숭 아무
노래도 부르지 않지
파도도 메아리도 없는 밤꽃
지는 밤이지

다시다뉴슈가스프소다
듬뿍담뿍 넣어주어야
맛깔난 서로가 되지
쫄깃한 우리가 되지
단물만 쪽쪽 빠는지

너만을 쪽쪽 빠는지
그냥 나는 나는 맛난 국물 소리가
마냥 좋아서 미소가 헤벌쭉
입맛이 다셔지지
안 먹어도 배부르고
못 삼켜도 행복하지
너를 입안 내 혀 위에 두는
그 순간이 난 나는…

말뚱

말뚱구리가 말뚱 몰고 가다가
하늘
한번 쳐다 보았다
허우적거리는 달그림자가
오늘따라 현란하다
칙폭칙폭 김 나게 열심으로
살아 온 생이지만
그림자만 그 생을 알아 주었다
달이 밝았고 말뚱은 제법 컸으며
하늘은 더욱 짙게 어두웠다
발버둥 칠수록 데구르르
말뚱을 따라 뒹굴어야 하는
노고의 동행이 땀을 삐질 거렸고
달은 더 깊고 푸르게
저를 비추고 웃었다

말뚱구리가 말뚱 몰고 가다가
하늘 한번 쳐다본
희미한 밤이 말뚱말뚱 뜬 눈으로
샌다

무삭제

그는 이름 없는 폴더
아무도 그 가슴 찾지 못한다 하였다
따라 오지 않고 쫓지도 않고
멀리 베트남이나 네팔 어디
필리핀 이라고도 하고

흩어진 이름들이 폐가로
낡아가고 있다고 하였다
조조할인이나 심야버스에서 가끔
가난한 영혼들이 들락거리긴 하였다

충성하던 흑기사도 지풀에 지쳐
나가떨어지고 혼자 남은 주인은
낭패스런 패를 에라 모르겠다 두는 아침이면
말 잘 듣는 양아부지 처서가 지나도
방황하는 모기에게 귓방망이를 날릴 때
그제서야 양아치 아들도 무릎을 꿇는 것이다
모든 것이 제대로 규칙처럼 보이게 돌아갔고
양어머니는 늦은 아침상을 휘어지게 차려 내왔다

무허가 사랑

누구도 내가 산허리에 실을 묶어
울타리 담벽을 치고
수도도 없는 무허가 사랑집을
짓는 걸 허락한 이는 없다
너에 대한 사랑의 수심으로
깊이도 모를 우물을 팠고
흐르지도 않는 도랑을 만들어
올챙이와 늙은 거북을 함께 가두었다
너로 인한 전율이 바지직 서까래를
흔들이면 놀란 부뚜막은 아침상을
차려 내왔다

허무한 바람의 장난으로 요강처럼
내 배가 잿빛 아기를 잉태하거든
무허가 아비도 없는 아이를 이 집에서
낳았다는 전갈을 금줄로 띄우리라

요부의 거짓 몸놀림이 너의 귀를 막고
환각의 노랫소리를 허공에 애무하거들랑
구름바다같은 양귀비를 앞세운
늙은 넝마쟁이의 후일담을 시로 쓰리라

블랙아웃

지금이 이천십육년인지 이천십칠년인지
코마상태의 시간들

묵은 약들을 버리지 못하는 건
내가 니 생각을 많이 하기 때문인 것
너를 매일 조우하기 위한
일련의 의식들

인플라 소염제로 매일 만들어
내는 뇌의 염증들
잊지 못하는 니가 와서 박히는
뇌의 촉수마다 축축한 은어들이
헤엄쳐 흔들어 대는
오른쪽 뇌 위의 산란들

조각 나 박히는 흩뿌리는 염려들
축복이지 못하고 두통으로
남는 거짓된 언어들

구석진 서랍 안에서 해를 거듭하며

지켜내는 약가지들은
그냥 가두어 두자
잊어서 잊어지도록 그냥

블랙 아웃

물빨래

내가 너를 만났는데
너의 티셔츠가 쭈글쭈글
세로로 울고있다면
너는 내게 메시지를 보내고 있는 거야
물빨래한 면티처럼
마음이 고스란히 물결로 일렁이면
너는 나를 펴지지 않을 마음으로
말라간 거야

마음 모서리 다리지 않고
그냥 내게로 오겠다는
결연한 순수인 게지

돌돌 말리지 않을 밑바닥 마음도
부러 그 바느질 울게 두는 게지
마음 그냥 드러내겠다는

내게로 오는 길을 우글우글
아우성 치게 하는 거지

희망고문

그림자 길게 누워 너에게 걸쳐진 밤엔
기대도 좋다고 했잖아

모든 것이 멈춘듯 세상의 시계가 눈을
감고 너를 잊으면
사랑해도 된다고 했잖아

유성의 꼬리에 길게 매달려 빌어도
좋은 소원으로 남으라 했잖아

들리지 않는 어깨 위로 짓누르는 오만상의
고민들도 다 가져가겠다 했잖아

별은 벌써 세 밤째 떨어지고
시계는 벌써 아득한 과거로 흘러갔고
날개죽지 가득 괴사가 번졌지만

너는 오고 있지 않은데 말야

경고성 문구

욕조에 비친 구름이었는데
조금 슬펐던 것같아
푸른 하늘이 형광빛을 발하며
외계인의 언어로 코를 찡긋 거렸고
허름한 고갯길이었던 것 같아

구름은 하얗게 퍼지지 않았고
오래된 아재의 담배 내음 같았지
그러나 꽃같은 꿈잠이었던 거래
처음 사랑을 버리기엔 아까운 곳이었지

어두운 나무들도 우스스 울어주지
않던 땅이 비 오는 늪지대였고
어리둥절한 바람은 갸우뚱
얼결에 갈변의 아픔으로 몰래 울음
우이던 무더운 날

들어오지도 들어가지도
나가지도 나가오지도
말라는 열두 시 삼십 분은 더위를

먹고 있던 나흘째 폭염인 눈부신
날이었지

어떤 기도

어떤 기도를 한다
어떤 식으로든 너의 기도를
믿는다 했다

아프리카로 보내는 기도와
너에게로 보내는 기도가
별반 다르지 않다

길가에서 남은 생을 보내는
나와 육교 아래서 남의 동전을
탐하는 이에게 보내는 기도도
이와 같다

아이의 안위를 걱정하거나
계란 세 알을 건네지 못하는
소리 없는 총성의 나라에 보내는
기도로 새벽을 보낼 때

사백이 번 버스기 시위의
광화문을 우회해달라고

내게 양해를 구할 때가
또한 다르지 않다

응답을 바라지 않는 사랑이 있다
용서를 바라지 않는 체념도 있다

응당 내게 오리라 믿는 사랑도 있다
맞서 극복해 내는 의지의 오늘도 있다

태어나 맞는 첫기도처럼
무조건적인 축복의 세계도 있다

정들정들

아무 것도 아닌 일에 찔끔 눈물을
떨군다
아무 일도 아닌 것에 뻐끔 목이
메인다

너무 오래 살은 것이다
정 없이 후드덕 대는 환풍기 소리처럼
인생을 환풍 하지 못하고
갇혀서 산 것이다 너무 오래

정들정들
들정들정

그 무엇을 내리내리 기다리는
옥고를 치른 것이다

마음의 감옥에서 사다리를 오르락거리며
줄타기를 내리락거리며 십여 년이 족히
걸리는 산 오름을 한 것이다

하루를 기다리는 늙은 초생달이
그 늙은 몸을 어찌 해보지도 못하고
이지러진 달무리로 피어 오르는 것이다

기껏 내일은 비가 올 것이니 우산을
피라는 알량한 화두나 하나

툭 던져놓고 오래된
화냥질을 마치는
것이다

붕어빵

붕어빵이 투명 수족관 안에서
파란 트럭 위로 수영한다
서울 강남구 도곡동 물가로
수영한다
그 물 가장자리 물가는 비싸고
험한 파도라 천 원에
두 마리만 입장 가능한 물가다

아이를 내놓치도 않는 거친
물가에 내 놓은 아이다
배영하는 말 안 듣는 붕어다
흠씬 때려 주고 싶지만
남의 아이라 때릴 수 없는 붕어다

건너편엔 개시도 못한
기형도 시인 어머니같은 할매가
회색 트럭에 열무 몇 단을 판다
파는 걸 구경하는 중이다
아니 팔아야 하는 걸 구경 중이다

이제 됐다
기형도 시인도 안 나오고
기 시인의 어머니도 안 나온다
파도도 안 나오고
푸른 붕어도 더 이상 안 나온다

나 너 보는 거
이제 됐다
나 너 만지는 거
그만하면 되았다

그냥 바다에 갈란다
푸른 트럭 타고 삼천포 가서
푸른 붕어 두 마리를 사올란다

동백

눈 속으로 오는 니 사랑이 너무 버거워
내 눈으로 들어오는 너의 붉은 열정이
너무 뜨거워 나는 이 몸 가누지 못하여
천형처럼 목이 댕강.. 뚝
너를 또한 나를 향한 애절함을 흰 눈밭에
댕강.. 온 몸으로 무너져..
너의 눈길을 막지 못하고 차마
안고 죽어야 하여 그나마 한 번 더
죽도록 너를 볼 수 있어서
나는 이만 이쯤에서 목이 댕강…
날 투신하여 피로 널 토해 내고야
너의 얼굴을 또 한 번 보고

레이디 버그

햇살을 사랑해 높은 곳으로 오르는 건 아니다
달달한 먹이가 포진한 하늘 꼭대기에서만
배부른 사냥꾼이 될 수 있어서도 아니다
그저 뒤집혀진 이 삶이 싫을 뿐이다

외로움을 도움닫기하고 공허함을 두 얄팍한
날개에 얹고 불끈 두 주먹을 쥐어 버리면
내 좁은 어깨는 산도를 통과하는 신생아처럼 그
험한 육교를 머리 깨지게 건널 수 있는 것이다

어디서 불어 온 바람은 능소화 꼭대기로 나를
올려 보낼 것이고 행복한 비행에 나는 마냥
죽은 은행 고목의 품은 버린 채, 아랑곳 않는
꽃의 향기에 취하는 것이다

무당으로 살아도 좋은 붉은 점박이
검은 사제가 되는 것이다

괴로운 이방인이 악수를 건네면 지린내 가득한 페로몬을
샤넬 넘버 파이브처럼 둥근 육신에 뿌리곤

달달한 죽음을 척하는 것이다
산 척보다 죽은 척이 더 쉬운 벌레같은
인생이 나인 것이다

이제 선선한 바람이 코끝에 맺히거든
가난하고 허름한 나뭇결 촉촉한 틈을 찾아 집을
지을 것이다
등을 맞대고 거짓으로 영원으로 살 동반자도
데려올 것이다

여름은 무덥고 소나기는 두렵다
곧 인생처럼 서늘한 가을인 것이다

소나기

논리와 분별이 담을 이루고 있는
가슴은 너의 기습에 취약했다
달려와 가슴을 뚫고 들어오는
어느 날의 기습같은 알싸한 향기

애인이 있다면
이렇게 올 것이다
선택하지 않았으나 폐부를
뚫고 들어온 한 가닥의
날카로운 첫 라일락 향같은

후르루 다가와선
못내 떠나고야 마는
돌이킬 수 없는 분사

꽃대궁 앓는 맘 아롱곳 않는
못돼먹은 사랑
애인이 있다면 이렇게
올 것이다

사랑아

사랑아
이별할 때는
지는 해 처럼 더
빨리 저 산 뒤로 숨으라
사랑아
다시 사랑할 때에는
뜨는 해처럼 바다 위를
천천히 오르라
그리스의 여신처럼
로마의 폭군처럼
도도하게 게으르게…
사랑아
행복할 때는
거울의 방처럼 열일곱 사랑을
서른네 개의 사랑으로 비추라
니가 나이고 내가 너이게
야단스런 아침새의
호사스런 노래로
맑게만 비추이라

사백육번 버스를

내가 사십 년 된 세맨 육교를 지날 때
나의 유일한 전용버스 사백육번이
게슴치레 지나갔다

난 의리를 지키기위해 이십 분 있다 올
사백육번 버스를 밤 깊은 이태원
버스정류장에서 기다린다

건너 달빛 아래 욕정의 남녀들이
층층이 얽힌 십일층 짜리 캐피탈
호텔이 날 요롱게 노려본다

치즈케잌과 와인을 판다는
비워두기 라는 카페 앞에서
한 무더기 남녀가 둥그리 서 있다
아마 어떻게 하면 마음을 비울 수
있는지 그 안에서 와인 열두 병
치즈케잌 열두 제자로 먹어도
그 답 찾지 못했나 부다

사십년 된 노련한 세멘 육교도 그 답
못찾아 저기 서서 비워두기 카페
저렇게 노려보고 있는데
하물며 핏덩이인 너희들이 ?

그냥 집에 어여들 들어가
따순 밥 묵고 잠 푹 자그라
아그들아
내 정거장에선 "뽑히는자기소개서" 란
책을 든 학처럼 다리 가는 총각이
취업 버스를 기다린다
바람막이 벌건 점퍼 입고
세상 풍파란 풍파야 다 덤벼라 하면서

한 마리 두루미처럼 한 다리로 서 있다
멋지다.. 오지랖 오십의 아지매 가만 보니
학다리 너 멋진 청년이다

근데 아가~~~ 으짜쓰까
"뽑히는 자기소개서"를 날밤 까고

거기 학처럼 서서 보아도
취업 안된다
그냥 등 돌려 이 아지매를 보거라
그리고 소리쳐라 악을 써라
"아지매~~" 즤 직장 좀 붙여주소마, 고마~
그리고선 펑펑 흰눈처럼 울거라

내, 그럼 너를 힘껏 껴안아 저 팔 차선
취업의 도로들을.. 고가들을
내달려 주리라 건너 주리라
광화문부터 미친듯 내달려
가속 붙어 언덕 내달리는 저 팔차 선
미친 차들로 부터 널 안아 낼테다
그럴 테다 논개의 그날처럼

그것은
어른들의 나쁜 세계라

세 들어 산다는 것

달팽이처럼 영원히 그 등 뒤로
십자가를 짊어지는 것
화장실 틈으로 들어오는 햇살은
집주인 손에 의해 차단되어
내 것 될 수 없는 것
휘파람으로 메아리를 부르는
어린 것의 흥분도 잠시 묶어 두는 것
파도처럼 넘실대는 파마약 냄새를
수건 안에 감싸고 홀로 맡는 것
밀랍통 안 여왕벌로 살지만
무수한 졸개들의 영혼까지
팔아먹는 날갯짓을 말없이 바라보는 것
하늘님의 집을 잠시 빌려 살지만
그 또한 모르고 가는 눈 멀고 귀 멀은
세 들어 산다는 것

아지노모도

난 항상 부엌 아궁이 위 찬장에
숨어 있다 내 고향은 현해탄 건너
멀리 먼 타향
아지노모도

이름도 그리운 아! 아! 그리운
아! 지노모도

등 굽은 할매가 연신 메꿔 대던
부엌 세멘 벽에 잿빛 떡으로 붙은
책장같은 찬장

프라스틱 불투명 삐꼬덕 미닫이를
키 고분 과부 할매가 젓가락으로 쑤셔 밀면
나는 부끄러워 자꾸 넘어지지
자꾸 숨어 버리지

한 귀퉁에 새초롬이 노란 고무줄로 꽁꽁
조선 귀향살이 두 손 묶여 기대 서 있던

이름도 아름다운 미원이
내 조선 이름이지

새 땅에 와서 만난 조선간장
굵은 소금이 밥공기에 담겨
내 곁에 있어도 난 늘 아지노모도
그리워하지

시집오기 전 한세월이 너울너울
감나무를 바라보는 내 눈에 걸치는
가을 낙엽 지는 밤이면

이제는 잊어야지 저 바다 건너
일들일랑 감나무 걸린 그리움일랑
일랑일랑 보름이면 이 부엌 곳간에
뼈를 묻어야재애애
내 그래야재

어떤 삶

매웠다
인생은 역시 가을이 오려해도
매운 거 였다

버젓이 민트향이 나는 옥도정기로
바람을 잠재우려 해도 이미
눈물을 흐르고 있는 거 였고
모질고 허한 어떤 인생도 살아내
야 하는 것이었다 제법 인내 하던
하루가 훅 바뀌어 무릎을 꿇고
다른 얼굴을 하고 쓰러지거나 혹은
쎈 척을 하거나 우리는 그 독한
향기 앞에 무너지는 것이다

머언 우주에서 날아 왔을 수도 있고
달로부터 어떤 지령을 받고
떨어 졌을 수도 있는 메아리가 제법
아릿다운 독한 향을 잉태하면

매워서 눈물이 나는 건지

애려서 눈물 범벅인지 몰라도 되는
알아 먹어 주는 것이 미덕인 그런

매웠다
역시 삶은 호락한 것이 아니라고
어린 날 때구정물을 뒤집어 쓴 내게
오매는 홀딱 벗겨 우물가에 세워 놓으신
거 였다

북해에서 온 명태

너는 내게 오늘 차가운 비바람으로 왔다
얼은 그 두 눈을 치켜뜨며 내게
말한다. 나를 그냥 내버려 두라고..
흠칫 놀란 내가 엄마에게 흠씬
얻어맞은 아이처럼 널 두려워할 때면
넌, 코피 나는 바다의 즐거운 동요 들을 것이다

넓은 바다가 좋다 했다
차갑고 날카로운 다크블루의 북극바다
네가 매일 마셨던 빙하의 눈물
내 눈 속으로 떨어질 때면.. 북극의
처연히도 차가운 오로라.. 내 눈으로
떨리는 첫 처녀항해 한다
내 투명한 비늘조각 하나하나에
항해를 무사히 마치고 돌아온
오로라 은밀히 와 박힌다, 별처럼 금빛 꽃가루 처럼
폭죽의 즐거운 노래 부른다

우리 이제 그렇게 살빛 벅찬
북극의 랩소디 부르다가

몸 비비며 반짝이는 별들과
나른한 휴식해 보자
북해의 꿈을 꾸어 보자
그러다 너의 갈색 잘잘한 근육이
갈갈이 찢기우면 내 여리한 가슴에
너의 역린의 조각들을 꿈으로 쌓고는
깊은 로렐라이의 잠을 자거라
바다의 꿈을 꾸는 언덕에서
따스한 북풍이 너에게 불어오는 그날 오거든
바다의 낱낱한 꿈 조각들이
은밀한 은하수처럼 너에게 쌓이는 날
나를 목놓아 부르거라

나 그러면 너에게로 가서
깊은 입맞춤 나눌 것이다
오늘 생이 끝날 것처럼
즐겁고도 아름다운 바다로
너와 헤엄칠 것이다

기적

나에겐 원래 평화가 있었다
홍해를 가르거나 눈을 뜨게 되는
하룻강아지의 사랑이 아니라
스스로 바다가 열리는 마음의 갈림
닫힌 눈이 빛을 향해 걸어가는 기적
토끼굴을 찾아 들어간 네번 째 방에서
갈라진 바다가 일렁이는 슬픔
산딸기가 여섯 조각으로 슬라이딩 되어
칼집마다 새로이 살이 나는 기적

둔탁한 흉기로 추억을 내리쳐도
결코 사라지지 않는 당신의 숨결
물속을 헤엄쳐 내게로 건너오는
따가운 달빛 전파의 눈총
총명하지 않은 사랑이 사력을 다해
쇠잔하고 남루한 이름 하나 가졌던 기억

스스로 눈을 가려 암전의 사랑을
자신의 두 눈 안으로 가두는 기적

월요일

월요일이 오기 만을 기다린 적도 있었다
세상과 소통하는 요일
무언가 바쁘고 아무런 생각도 없어진 채
어떤 연락이 닿고 뻐근한 계단도 두 개씩 오르면서
외로움은 잊고 기대는 팽만하여 접선의 기운이 일고 있는
첫날의 쳇바퀴는 쉼 없이 돌아가고
느슨했던 심장도 붉은 피를 뿜어대며
새로 시작하는 교신들이 배추나비의
춤으로 뫼비우스 사랑의 축을 만드는 날
목마른 일주일이 마른 목을 축이자고
치근덕 거려도 좋은 기다림의 날
일요일 자정까지는 떨리지 않았던 플랫폼이
쪼르르 달려와 팔짱을 끼고 입맞춤 해 주는 날
쌍무지개 뜬 어제의 밀어들을 피자 조각처럼
한 입에 나누어 먹는 날
애플파이도 덩달아 겹겹으로 입었던
바스락 속곳을 스스로 부러뜨려 주는 날

아! 행복해서 그 누구도
눈에 들어오지 않는 날

길티 플레저

그동안 너무 쓰게 살았데

소심한 종달새가 수국꽃으로
치장한다고 해서 비난받을
필요는 없잖은 행당로 24길
소심한 책방에서 최저생계비를
받아 쓰는 글쟁이를 사랑하지
않을 이유도 없는 거지

골목에서 길 잃은 여린 짐승이
헐벗은 나의 다리에서 볼을
부벼댄다 해도 창피할 일도
없는 것처럼 수줍은 죄를 지어
힘이 든 정신노동자의 하루는
마땅히 보상 받아야 해

쓸개의 수액을 맞고 영양제가 흠뻑 들은
꽃다지 설탕물을 제대로 흡입할
테니까 제대로 보상 받지 못할
이유가 실업의 오늘에게 있어야 할

이유가 없어 제대로 살았는 걸

부드러운 너의 손길이 열변하는
나의 이마를 집어 준다면
매우 기쁜 감옥으로 가던 오늘을
기억해 낼거야

나를 잊지 말아줘 제발
달달한 달고나를 먹던
오물딱거려 종달 대던 똥꼬입술을

너의 생일날

난 금욕적인 당신이 펑펑 눈이
지랄 맞게 오는 날
술 퍼먹고 정동길 쪼매난 젖가슴처럼
유성이 뱅뱅 도는 교차로에서
철통같이 바른 뻬인트가 빨간 스타킹을 벗어 제끼는
공중 전화박스에 나란 여자를 전화선처럼 붙들고
한 통의 미친 팔푼이 같은 전화를 주길 바래

아무도 너를 찾아주지 않는 너의
생일날.. 너의 귀 빠진 오늘을
기억해 주는 너의 숨소리만 들어도
숨이 멎어 꺽꺽대던 나란 여자를
기억해 내길 바래
근육이 말라가는 병처럼 내 뇌는
너를 말라가고 너를 잊는 것조차
기억해 낼 수 없는 불치병에 걸린
나를 발견하게 되는 너의 생일날
그 하루만은 말야 나를 기억
해 내도 좋겠다. 너는….

4

함께보기의 오브제

젊은 편지

이렇다할 내용은 없다
없을 게다
하지만 편지봉투에서 푸른
푸성귀 냄새가
나서 나도 모르게 눈물이 났다
가슴이 저려와서 손가락이
떨렸다 뜯어보지 못하고 주머니에 넣는다
안절부절 너를 못내 보지 못한다
첫새벽에 일어나 아니 심야의
끝에 일어나 주머니 안을
꼼지락거린다 그 안에
니가 풀빛으로 누워 있을 게다 분명
그러나 난 또다시 돕바 안
호주머니에 쑤욱 너를 감춘다
내일의 경계에 이리 널 둘 것이다
푸른 니가 내 심장으로
붉게 노을 들 때까지
기다릴 것이다
편지는 영구, 읽혀지지 않을 것이다

애제자

모든 시가 그립다
모든 시가 그렇다
그렇고 그런 얘기
그립고 그리운 얘기
가슴 안에 담고
앓아 가고 있는 것이다
알아 가고 있는 것이다

매일 너로 시작되는 하루였다가
매일 네가 문 열고 들어서는 봄이었다가
매일 내가 너로 눈 뜨는 창문이었다가
매일 내가 쉬고 가는 정거장이었다가

너는 내게 사랑받는 애제자였다가
내가 시에게 사랑 당하는 애제자였다가
일방적 내리 사랑이었다가
쌍방과실 한 목소리만 내는 반복적
엘피 판이었다가 그렇게 거침없이
360 도로 돌기만 하는 것이다

어느 용케 운수 좋은 날은
테레비에 주택복권 뺑뺑이 판을 들여다보며
나오지도 않는 렛잇비를 오버랩 시키는 것이
나의 애제자의 주옥같은 삶이다
돌아가는 삼각지. 돌아가는 나침판인 것이다

그리하여 당첨되는 내 생애에는
오지않는 멀어져 가는 만유인력의 시계추를
만나지 못한 채 하냥 그리워 하는 날들로
밀물과 썰물의 차이를 만들어 내는
내 좁다란 간극의 미끄럼틀인 것이다

일단

올림픽 지나 공원 지나
마로니에 지나 공원 지나
이십의 나를 만나러 간다
턱을 치받고 나를 기다리는
소주병의 목을 따고
궁디도 퍽퍽 치고 꼬르륵
올라오는 호기 어린 거품들도
흔들어대면서 내 연극적 삶도
흔들어 본다

기운이 올라온다
젊음의 감기 기운
샘터에서 물을 길어 목을
축여 본다 알콜 13도가 주는
기쁨과 다른 탐미의 외침이
들리는 붉은 벽돌 바람 불어도
날으지 않는 마법 양탄자다
39도에서 13도로 내리막이다
전혀 취하지 않는다
이럴만큼 삶이 고달프게

독해졌다
응답하라고 외쳐도 응답하지 않는
안주 없는 마른, 마로니에다

늙은부인

엉덩이 하나
디밀겠다고 낚아 놓은 시간의
한 분기를 다 써버리는 어리석은 촌부

무건 다리 하나
걸치겠다고 네 대의 달구지에게
인사도 없이 코를 막아 버리는 필부

사람의 덕이 있을 것 같은
인덕원에서 끝도 없는 바다의 푸른 수의를
입어보던, 갓 시집 오지 않았을 것 같은 노부

밟아 버린 땅구들이 평평해져야
비로소 늦은 기지게의 늙은 지게를
지게미로 먹어 보는 루게릭 않는 환부

쓸데없이 화가 나고 급히 추워도 열이 나고
금단의 열매 같은 호르몬제 한 알에도
끄떡않는, 안녕하지 않은 안녕 자궁

과수댁

내가 볼 때 그녀는 비누 거품 안의
빨래를 빠는 것이 아니었다
실은 묵은 욕정을 빨아대는 것이었다
하늘을 날던 철새가 초생달빛 수돗가를
둘러치면 옴싹달싹 못하는
장날 닭장 안의 닭처럼 먼저 간
칠수 아배를 목 놓는 것이었다
내가 볼 때 그녀는 아궁이 안 군불을
쑤셔댄 게 아니었다
기실은 묵은 첫정을 태워 대는 거였다
고추 농사 말라가던 가뭄 맨치로
홍덩 젖가슴이 쪼그라질 때면
건넛말 초백이년의 신음이 예까지
담쟁을 트는 뜨악한 보름이었던 것이다

죽은 목숨처럼 장에다 내다 팔 수 없으니
문지방 구들장만 두드려 대는 것이다
깨박지 사탕발림 인생살이한테 속아서
이날 입때까지 허벌한 인생을 연명하는 것이다

고독

담배 하나를 건네받았다
고독 하나를 또 건네받았다

벌겋게 타들어 가는 마음 들키기 싫어
돌아 앉았다

노란 리보플라빈 세 알을 수면제처럼
입에 털어 넣는다

잠의 꽃
불면증, 내 영혼 쇠약해질 때
나타나던 아메바

징글하게 쫓아 다니던 악성
독기 모기 시로도 모자란 내 약간
남은 뜨건 피마저 강탈 당하는 새벽

치르륵
담배 연기 아궁이 붉은 눈으로
타들어갈 때

나는 보았다
에스키모 사랑놀이 떠나는 것을
차디찬 이글루 화덕 속으로 찾아 나서는
외로움이라는 것을
죽음보다 깊은 잠이었다

고독
그것 보았다

나

나는 잠 못 이루는 고향을 가진 상사의 행려병자
꿈 넘치는 저수지의 묵은 시곗바늘로
하늘 나루를 걸어가는 방랑객
한 뼘 속죄의 노래로 하늘을
감동시킬 수 없는 두리번거리는 봄볕
소금기둥으로 녹아내리는
비 오는 날의 멈추지 않는 신도림 회항선
한강을 미루어 건너는 짐작하는
낡은 솟대의 시간 또한 이루어질 수
없는 천국에서 추방당한 촉새의 젖은
날갯짓거리 한 번 퉤 뱉어 주는 슬픈 노동의 침
네 시 삼십삼 분에 지친 꿈에서 화들짝 깨어
임산부의 자리를 노리는 분홍 노리개
당첨되지 않는 너를 도망쳐 부르는
노동요 무한반복되는 물레방앗간
얼은 수로를 쉼 없이 도는 지침 없는 지구별
아래로 떨어진 덜 떨어진 어린왕자
로시난테 타고 사막을 방황하는 동방박사
에스아이 요원

공유

모든 옥상은 공유한다 하늘을
가난한 하늘과 부유한 옥상이
사랑하기 좋은 이유도 여기 있다

텅 빈 거리는 공유한다 빈 밤거리를
좁다란 골목과 욕심 난 욕망이
사랑하기 좋은 이유도 여기 있다

모든 파도는 공유한다 바다를
멀리 간 파도와 소름 돋는 바람이
사랑하기 좋은 이유도 여기 있다

공유 되는 모든 것들은
천천히 잊혀지는 특권을 누릴 수 있다
그깟 외로움도 그깟 그리움도
없는 세상 같은 축복만 있는
하늘 아래서

너를 본다는 건

멀리, 숲 속에서 촉수를 세우고
주변을 두리번거리는 새와 눈을 맞추는 일
그런, 시시콜콜한 대화 안에서
공통의 분모를 찾아 교집합을
만들어 내는 일
부리, 꼭 담은 입의 근황을 물어
숙연한 동굴로 끌어내어 스스로
담금질하는 일
하여, 줄자로 맞춤한 한 벌의 양복 같은
똑바란 시를 흐트러뜨리며
퍼즐로 맞추어 내는 시간을
요하는 어렵사른 일
울며, 떠나는 기차의 꽁무니를
눈물 없이 볼 수 없는 신파의 한
주인공으로 만들어버리는
노파의 비루한 인생같은 나를
호수 속의 천년토록 나오지
못하는 한 개 돌멩이로
말뚝질 하는 일

뒤태

땀을 쏟아내는 한낮 더위로 흐트러진
실루엣으로 니가 흐느적인다
왼팔을 타고 흘러내리는 이어폰 끊긴
핸드폰의 가느다란 연명의 소식줄
어미에게서 떨어져 나오기를 거부하는
생명의 연장선 촤르르 흐를 때
피아노 소리 출렁거리며 너의 쇄골을
타고 흐른다
뒤태가 아름답다고 하였던가
사랑하지 않을 거라 하였던가
아, 욕 나오는 미련은 내 몸 타고 흐르는
실루엣의 그 어느 커텐에도 숨기지
않겠다 하였던가 그래,
그랬던가 뒤태로 구약성경의 마리아로
읽혀지지 않겠다고, 게이샤는 끓는 물
속으로 천국같은 지옥 불구덩을
논개처럼 뛰어들었던가

마음을 드러내는 일

바보처럼 사는 것이겠지
전략적으로 사랑 않는 것은…

너를 위한 선물들 그리고
조각조각 흩어진 마음들
오 일을 공들여 모았으니
그냥 뒤도 안 돌아보고 풀어 놓는 일
바보처럼 보이는 일이겠지

바람에게 뒤를 맡겨 그 향기를 쫓고
부끄러운 답일랑은 살짝 남겨둔 채
뒤도 안 돌아보고 마음대로 가는 일
어리숙한 풋사랑의 치기이겠지

사십 년 남짓 사랑이란 걸
마음 한켠에 걸어두고
지나가는 하나를 잡고
다가오는 하나를 지나치고
기쁨도 맹세도 서툴게 보내
마음을 드러내어도 좋은 사랑은

하지 않았지

많은 시간이 참으로 덧없이 흐르고
계절은 무르익어 가는 천도 향을
탓하고 있더라

너무 부드러워서 한껏 향기로워서
놓치고 흘려보낸 어리석은 마음이
다시는 못 올 바람을 붙잡고
울고 있더라

바다에게 묻다

사랑해 라는 말을 할 수 없는 이유
사랑해 라는 말을 할 수 밖에 없는 이유

설령 우리, 다른…
세상을 살아야 한다 해도
마음 안의 그 말을 아끼지는 말자
본인을 속여가며 사랑하지 않겠다고
다짐한들 무엇이 달라져서
첫 마음과 지금 마음이 같지 않다고
자꾸 서로에게 되뇌이고
억지 다짐을 받는가

차라리 바다를 보라
왜 이 육지를 떠나지 못하고
한 발을 디딘 채 꿈으로 왔다가 다시
밀물과 썰물로 사는지
어찌 나를 떠나지 못하고
미련의 찰라를 살고 있는지
푸른 바다를 보라

분열

한사코
니가 나를
등돌린 나를 뒤에서
무릎 꿇고 경배 아닌 경배의
코란을 외우는 이유는 무엇이냐

뒤돌아
너를 안고
일어나는 아침 교회당
종소리가 뼈째 먹는 생선처럼
으드득 씹혀가며 비집고 세상에
울려 퍼질 때 네가 그 종소리에
올라타서 퍼뜨리고 싶었던 전염병은
무엇 이었던가

감히
사랑 숨은 이별의
나무를 이리저리 날으는
날짐승의 꼬리에 휘감겨 날갯짓
한 번 푸덕이지 못하는 종잡을 수 없는

종소리 자락을 부여잡는 맥없는 맥박이
너이라는 것을 진정 모르고
모르고 시작되었던 것이냐

함박눈으로
내 어깨 지붕을 솜방망이질 하며
때려 대던 힘껏 힘 없는 너의 맥없는
사랑이 나에게 오려던 것이냐
오지도 못하고 떠날 그 길, 끝내
가려한 것이냐

식탁

당신이 오고 있었다
잘려진 식탁 앞으로 삼인용 식탁 위로
이 인만 제공되는 자로 잰 듯한
개인 접시 위로 너는 부재중 국물을
후르륵 마셨다
그래도
당신은 오고 있었다
불타는 화성같은 때로는 토악질하는
토성같은 우주를 짊어지고
분명 낙하하고 있었다
삼인용 식탁 위로 이인용 부재중으로
너는 추락하고 아니 사랑의 탈을
쓰고 아니 외로운 동굴의 검은 입을
씹어 대면서 배부른 트림을 식탁 위로
뿜었다 삼인용도 이인용도 아닌
용도변경된 사투를 식탁과 테이블보와
네모난 세 개의 다리들과
세모난 네 개의 다리들과
둥그렇게 살바 질을 하고 있었다
구경꾼이 몰려들고 너는 반포대교에서

헐레벌떡 한강을 흔들어 대고
있었지만 올림픽 대교를 바라보는
나의 조그만 식탁을 내다보는
삼인용 창문은 흔들리는 한강만을
보았다 하였다
새벽으로 가는 첫차들이 힘겨운
하품을 느리게 하는 식탁 모서리를 한
창문만 사랑하는 집이었다

피데기

껍질도 안 벗은 거였다
그야말로 내 사랑이란 것은
도라지 위스키처럼 싸하지만
사랑하다 만 피어 보지도 못한 꽃
타락하지도 못한 가을걷이
반만 말린 채 찢겨져 나갈
비린 신출이었던 것이다
해풍을 맞으며 널 기다렸고
따가운 눈총같은 햇살을
참아 보았지만 들려오는 풍문은
네가 먼 바다로 나가 어떤 섬의
외로운 등대가 되었다는 것
멀리서 나를 비추어
사랑 길을 매일 조석으로 내
주리란 말도 안되는 최면의
흰가루를 몸에다 뿌려
피데기가 되어가는 오늘의 또 다른 하루
언제인가 적절히 떨어져 나갈
종지부의 날이 될 건지 또한
몰라가는 하루

필스너

너의 바지고리에 나의 새끼손가락을 걸고
필 받는 필스너 세캔을 동네 앞 놀이터
그네를 딸깍거리며 환희의 거품을
풍금처럼 쏘아 올렸지
가슴엔 부푼 기대를 한가득
널 향한 떨림은 지그시 즈려밟고
오른발은 너에게 오래된 레테의
강변 그 개울가 설렘으로 올려놓고
살포시 뒤를 돌아 너를 한모금 꿀꺽
넘겨서 넘겨질 때까지 그 닫힌 마음
딸깍 열릴 때까지 멈추지 않는 목넘김
부드러운 입맞춤 이루어질 때까지
하여 친구여 아주 높은 봉우리는
너에게 넘겨 줄게 떨어지는 쌍무지개
날갯짓은 나에게 넘겨주렴

한여름의 크리스마스

합정동 허름한 지하로 기어 들어가면
팔천 원에 서른두 장 사진을
성격 지랄 맞은 애인보다 아낌없이
퍼 주는 쾌쾌 묵은 사진관이 있다

유리창 너머로 세상 밖을 찍을 순
없었지만 앞뒤 생각 없는 그 질펀한
사랑이 좋았다 했다

사랑도 사람의 일이라 헤어질 땐
죽었는 지 살았는 지 안부는 물어
주어야 한다 피난을 갈 것인지

그 자리에서 물러남 없는 장렬한
전사를 할 것인지 남겨질 수도
떠날 수도 선택할 수 없는 오래된
사진관이 뒤집혀진 사진 속에서
남은 생을 피가 거꾸로 흘러
혈관 폭발로 잊혀지지도 죽어지지도
않을 붉은 노을 멍을 두는 것은 한여름

크리스마스에 대한 우리의 예의가
아닌 것이다

모든 사랑하려 태어난 어리석은
짐승들에겐 앞발에 발톱을 곧추
세우는 뭣 같은 독소를 집어넣어
이 알 수 없는 요지경 거울 사진관에
머리를 디밀어 주어야 하는 것이다

화마

내 권태로운 이름
누가 하나 가슴에
불길로 지져 주었으면 좋겠다

한 자 한 자 마음에
인두질되어 낙인의
갑옷으로 평생을 살아 주었으면

나란 이름의 감옥에 갇혀
맘껏 벗을 수도
힘껏 탈출할 수도 없게
누가 나의 이름 하나
그 가슴에 새기고

아무 일 없듯 돌아갔으면…

기억의 감옥

머언 기억의 감옥으로부터 널 소환해 내곤
아무것도 못하고 있다
신화 속 허상도 아닌데
차가운 손이지만 잡은
날도 한 번은 있었던 것도 같은데
부르다 내가 죽을 이름도 아닌데
머언 기억의 덤불에로 부터 널 끌어 내어
아무것도 못하고 있는
나를 본다
뜨거운 열도의 바람과 사막 모래로
눈 뜨면 데어버릴 것 같은
심장을 가진 한낮의 열도에서
너를 본다
차가운 빙하호의 냉정을 가진
짤스부르크 산악열차처럼
힘겹게 빙하를 가로질러 알프스의
산을 오르는 까뮈 일지도 모른다
나로 소환 당해 아무 것도 못하고
있는 너는…

기억의 배치

돌고래보다 뾰족한 새의
울음소리로 눈뜨는 아침이면

간밤 꿈처럼 미스테리하고
어둑한 너의 언어들을
따라가 본다 어제부터 잘못
되었는지 처음부터 아니
시작이었는지

지나간 몇 해 여름처럼
뜨거웠던 기억들은
작열하던 태양 아래 몸을 뒤틀어 댔다

뜨거운 검정 자갈만이
기억해 주는 잿빛 재가 되어
푸른 바다 속에 무덤을 팠다

개똥쥐빠귀새만이 계절이 바뀔 때면
찾아와 주는 개똥벌레의 고래등같은
노래를 부르는 세 개의 무덤

바다 속으로 붉은 낙엽이 떨어지고
기억도 오래된 눈이 내린다 다시
푸른 꽃도 피어 대겠지 사랑은 떠나고

계절이 또 오고 파도가 그 무덤 위를
철썩인다

되새김질 하는 그리운
새벽만을 때려 대는 일출하지 않는
모래사장을 너의 생처럼 파도치고
있다

이유도 없이
사건도 없이

노인네의 죽음같은 섹스라는 것

어제 간 식당서 한 무더기 할배들이
푸념인지 부러움인지 밥 먹으며
이런 이야기 나눈다

그 박영감 말야
마누라가 치매가 왔어
그래서 누가 누구인지도
몰라 봐
박영감이 새장가를 들었는데
셋이서 같이 사러어어~~
순간 다른 노인이
일제히 부러움인지 안타까움인지
모를 합창을 한다

"허허어어 그거 참~~"

그리고 난
칠십의 유토피아적 섹스란 걸 상상한다

노인 남자는 세월리 조그맣고

남루한 누각에서
출근같은 마실을 나간다

여자 노인은 잘 다녀오라
주름진 손을 흔들고 또 흔든다
그리고 노인 남자를
실눈 뜨고 본다

새색시 구름 어깨에 잔뜩 이고
노인답지 않은 호기로운
걸음걸이다 제법 저 냥반

이제 저녁이 되면
노인 남자가 싸리울타리 저 문을 들어올 거다
남태평양을 헤엄하고
돌아온 민어처럼
다른 노인 여자를
훑고 온 자랑스런 무용담을
지게처럼 어깨에 한 짐
이고 올 거다

그걸 여자 노인은 또
반갑다 맞으며 물어볼 거다
"오늘 할매는 어땠노
내 맨치 이쁘드나? 내 맨치 잘하드나?
피부는 아직 탱탱코? 근육은 찰지드나?"

남자 노인이 대답한다
"어 느그 소싯적처럼
뽀야나고 예쁘데. 거도 잘하데"

여자노인은 박꽃처럼 빠진 이를
드러내며 하얗게 웃는다

"그래! 그럼 내일은 또
다른 할매 얘길 해주라아
오늘도 마 수고했다
내도 내일 서영감 야그 해주꼬마
알았재?"

말(言)의 꽃

내 것이 아깝지 않았다
내 흰 소복에 '말의 꽃' 피었다
선혈처럼 붉게 선명하게
마당 가득 옥잠화 피는 날
'말의 꽃' 옥잠화야!
너 피어나는 날을
기다리다 보니 원망이 난다, 나..
또 다른 한 날 기다리다 보니
아쉬움이 난다, 나…

첫날엔
음절의 꽃 잎 하나
셋째 날
시어 꽃 대 하나
이레 날
구절 꽃 줄 하나
보름 날
연의 꽃 받침 하나

도로록 도로록 詩로 열렸다

'말의 꽃'이 화들짝 피었다

말言의 꽃 언어의 말
말沫의 꽃 물거품 말
말抹의 꽃 지우는 말
말茮의 꽃 끝내는 말

언어가 물거품이 되어 지우고
또 지우니 곧, 고뇌의 끝 작위의 끝
기억의 뒤안길 지우고 지우니
언어의 유희도 지우고 지우니
때. 비로소.

마당나온 어무이가 옥잠화 꽃단지에
흐드러진 꽃향기 읽으시더라
"마당가득 말의 꽃"이 피었네.
웃음, 그 고운 이를 옥잠화처럼 드러내며
웃으이더라. 옥잠화 미소 하시더라

목련

대명동 미술대학에 목련이 열렸다
피지 않고
여드름처럼 주체할 수 없는 사춘의 얼굴로
피지 않고
그대
계명대 뜨락에 멈추었다

청춘이 멈추었고 봄이 정거 하고 있었다
나락과 추락을 그네질하며
시린 꽃샘의 첫 떨림을 담금질하였다

지나간 목련 그늘의 봇물은 은사시 봄밤
그림자에 하얀 입맞춤 자욱을
낭자한 채 흐드러진 낙화의 승무로
푸르른 어깨 춤사위의 나란한
그늘에 누워
한 편의 봄 시가 되었다

대명동 미술대학 캠퍼스 목련꽃 그늘 아래
하루도 살아내지 못할 가녀린 한숨

삼월 목련의 하얀 속살은
길고 추웠던 지난 해로부터
건너온 남풍의 하얗고 좁다란 소식을
추억처럼 귓가에 속삭이며
이제 총총히 너의 인생을
축복하여도 좋겠다
하였다

목련은 그리웠고
목련은 기다렸으며
목련은 또한
아무것도 묻지 않는
사월이 되었다

자작나무

너와 나는 정확한 좌표로 나란 서 있지만
여름을 재촉하는 늦은 봄바람이 불어 오거나
장마를 우려하는 굵은 빗줄기가 얼굴을
때려 댈 때면 누구도 모르게 준비한
마른 흙바람 속 엉킨 뼈와 살무덤을
보게 될 것이다
사랑이 깊어서 더 슬프고
사랑이 약해서 더 메마른
자신의 손으로 긁어 만든 부스러기를
마주 선 나무의 가슴을 향해 던지며
그 누구도 원망할 수 없음에 더 아파하는 것이다
바보같아서 더 패였고 넋이 나가서 더 깊다

노르웨이에서 왔는지 핀란드에서 왔는지
벌목의 원죄를 짊어지고 온 타향에서의
냉소는 온 초록의 동산을 숨막히게 물들여 버렸다
북해의 소식과 침엽수의 향기를 고르게
흩날리며 멀고 멀었던 목초향내를 이곳에서
비로소 풀어놓는 것이다

바람

추억은 그리운 것
가져보아도 좋은 것
비록 그가 벼랑 바람으로
떠나 버렸을지라도
누군가의 곁바람 되어
그 이름 하나
되어 보아도 좋은…
비가 이렇게 봄으로 난
창을 두드리는 날에는

소나무 곁에선 솔 바람
빗소리 곁에선 비 바람
푸른 바다 곁에선 푸른 바람으로
불어서 넘쳐 나거라
밀물 바람이 되어도 좋고
썰물 바람이 되어도 좋은
함께 바람의 이름으로
곁에 두거라 그 가난한 이름
하나

내 어무이네 집

나이가 들어 이제 내가 살고 싶은 집
내 어무이네 집 바로 그 옆집
언제나 내가 돌아올 거란 긴 기다림으로
어머니 설익은 미소가 밀려오는 파도처럼
하얗게 부서지던 집, 내 어무이네 집

어머니의 시가 줄줄이 고된 기다림처럼 엮여
천장 한 구석 굴비처럼 시의 비린내로
꾸덕이 익어 가던 집
누룩 익어 가던 내음 메주 띄우던 날처럼
꾸덕꾸덕 어무이 사랑 천천히 유영하던 집

못난 아들 오늘이나 돌아올세나
하얗게 기다리던 동 트던 아침, 온 마당
안개처럼 하얗게 번지던 쌀밥 윤기 나던 집
내 어무이네 집 그 옆집

떡갈나무 겨울 땔감으로 부엌 천장까지
내 어무이 시로 쌓아드리고 싶었던 집
그걸 동네 사람들 모아놓고 잔치하고 싶었던 집

매일밤 꼬아 만든 광주리 하나씩 나눠주고
그 몇 곱의 사랑을 거기 가득 담아오시곤 하던
낡은 광주리처럼 함박웃음 웃던 소박한 내 어머니
그녀가 소녀 되어 살던 집 그리고 또 오늘을 사는 집

싸리비 흙마당에 주르륵 빗길로 나던 집
한 번 빗질하면 시가 되고
두 번 빗질하면 그림이 되고
세 번 빗질하면 내가 살 초가집이
만들어 나오던 내 어무이가 만든 그 집 그 옆집

아흔아홉의 손주들이 깔깔대며
마당 넓은 집 뛰어놀던 집
해바라기 아흔아홉 새까만 씨들이
알알이 어머니 얼굴에 가, 검은 기미로 박히는
하루가 기적같던 마당 넓은 집 아니 마당 작은 집
어무이 하냥 행복한 마당 작은 집 나 위로 받는 집

그 옛날 황금잉어 헤엄치며 연못 있던 집
어무이 아름다운 말의 떡밥 하나 그 연못에 던지면

착한 시가 되어 연못이 황금빛으로 물들던 집
그렇게 온 저녁 황금 비늘처럼 반짝이던 집

언젠가 힘든 일이 끝나는 날
어무이 곁에서 내가 눈 감고 잠드는 날
어무이 무릎 베고 깊은 잠으로 빠져 드는 날
장독 항아리 위로 하얀 첫눈이 하얗게 소복이도
쌓이는 걸 하릴없이 그냥 그냥 누워보는 날
내 어무이 눈 감기 하루 전 바로 그 날
내가 하마 가야할 집

내 어무이 집 그 옆집
오늘도 나를 기다리는 어무이 키 작은 해바라기가
등 굽어 자라고 있는 그 집
내 어무이네… 집

이중수 시인의 시를 읽으며

"젖줄기는 없어도 열매는 익는다
땅에 떨어져도 계속 익어간다
게으를 틈이 없는 열매는
자기 몸을 죽이지 않는
달콤한 인생이다
독한, 열매의 자기 씨앗으로
스스로를 돌보며 에둘러 약한 살들을
생채기로부터 살려낸다"

(이중수 시인의 '늦여름 열매' 중)

그렇다. 이중수 시인의 시가 바로 이렇다.
시인은 자신의 시와 자신의 삶에 물을 준다.
자신도 세상의 한구석에서
씨앗과 같은 존재임을 각인하고 있다.
시인의 이러한 자세가 모든 시인들에게도
있으리라 믿는다.

"선악과로 인하여 처절한 피 토하던
붉은 피로 얼룩진, 그리하여 피로 물든
흰 소복 입혀 쫓겨난 내 가난한 시"
(이중수시인의 '누드의 몸 하와' 중)

그 시가 떨어진 열매로 오늘도 익어간다.
별 다섯 가슴에 베고 다디단 꿈길로 간다.

이래서 나는 이중수 시인의 시를 좋아한다.
아니 사랑한다.
시인의 영혼이 금강의 모래알처럼 아름답다.
이 세상에 존재하는 또 다른 세상마냥 눈부시다.
사랑의 진정성을 잘 아는 시인의 가슴으로 쓴 시가
장대비를 내려놓는다.

꿈길로 가자고 가슴 두드리며…

— 박진우(글쟁이)